新文科背景下
公共管理类专业建设研究

李增田　薛立强　主编

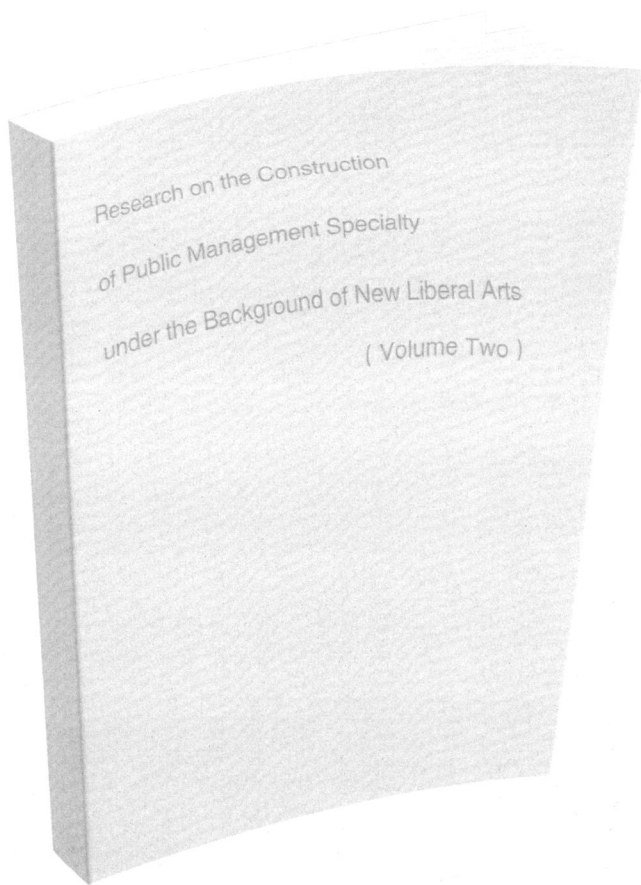

（第二辑）

Research on the Construction
of Public Management Specialty
under the Background of New Liberal Arts
（Volume Two）

天津出版传媒集团
天津人民出版社

图书在版编目（ＣＩＰ）数据

新文科背景下公共管理类专业建设研究.第二辑 /
李增田,薛立强主编. -- 天津 : 天津人民出版社,
2023.8
ISBN 978-7-201-19755-5

Ⅰ.①新… Ⅱ.①李… ②薛… Ⅲ.①高等学校—公
共管理—学科建设—文集 Ⅳ.①D035-53

中国国家版本馆 CIP 数据核字(2023)第 171659 号

新文科背景下公共管理类专业建设研究(第二辑)
XINWENKE BEIJINGXIA GONGGONG GUANLILEI ZHUANYE JIANSHE YANJIU(DIERJI)

出　　版	天津人民出版社
出 版 人	刘　庆
地　　址	天津市和平区西康路35号康岳大厦
邮政编码	300051
邮购电话	(022)23332469
电子信箱	reader@tjrmcbs.com
责任编辑	郑　玥
特约编辑	王　倩
装帧设计	汤　磊
印　　刷	北京虎彩文化传播有限公司
经　　销	新华书店
开　　本	710毫米×1000毫米 1/16
印　　张	12.5
插　　页	2
字　　数	200千字
版次印次	2023年8月第1版 2023年8月第1次印刷
定　　价	69.00元

前　言

为深入贯彻落实教育部《关于加快建设高水平本科教育全面提高人才培养能力的意见》（简称"新时代高教四十条"）和新文科建设倡议，持续推进一流本科专业建设，显著提升人才培养质量，近些年天津商业大学公共管理学院通过政策引导、制度创新和加大的经费投入力度，在课程建设、教学团队建设、教学方式方法改革、人才培养模式创新等方面进行了积极和全面的探索与专业综合改革创新，并形成了一些标志性成果，这些成果曾于2022年以《新文科背景下公共管理类专业建设研究》为名结集出版。

此后一年来，全院上下在本科教育教学改革上继续不断探索、创新，又形成了一些新的研究和实践成果，于是我们将这些成果再次结集成《新文科背景下公共管理类专业建设建设研究（第二辑）》出版，算是对所取得的新成果的一个集中展示。

更为重要的是，我们通过对这些成果进行系统梳理、总结和进一步提炼，将其深化落实于教育教学实践中，并在实践中不断地加以完善优化，必将会显著提升我们的专业建设水平和人才培养质量。

编　者

2023年2月7日

目　录

第一部分

专业建设与人才培养模式创新

行政管理一流专业建设的几点经验
——以若干国家级行政管理一流专业为例

薛立强

自 2019 年 4 月起,教育部实施一流本科专业建设"双万计划"。该计划要求 2019—2021 年, 全国建设 10000 个左右国家级一流本科专业点和 10000 个左右省级一流本科专业点。2019 年,教育部共认定了 4054 个国家级一流本科专业建设点(其中,中央赛道 1691 个、地方赛道 2363 个),认定 6210 个省级一流本科专业建设点。2020 年,教育部共认定 3977 个国家级一流本科专业建设点(其中,中央赛道 1387 个、地方赛道 2590 个),确定 4448 个省级一流本科专业建设点。据不完全统计,在这些专业中广州大学、深圳大学、西北大学、浙江工业大学等 20 多所大学的行政管理专业被认定为国家级一流专业。(见表 1)本文将通过归纳这些高校行政管理专业建设的情况,总结中国场景下行政管理专业建设的经验。

表 1 国家级行政管理专业名单(不完全统计)[①]

所在大学	所在学院
电子科技大学	公共管理学院
福州大学	经济与管理学院
广州大学	公共管理学院
贵州财经大学	公共管理学院
贵州民族大学	社会学院
广东外语外贸大学	社会与公共管理学院
华南师范大学	政治与公共管理学院
暨南大学	公共管理学院/应急管理学院

① 排名不分先后,以高校名称汉语拼音为序。

续表

所在大学	所在学院
南京审计大学	公共管理学院
南开大学	周恩来政府管理学院
深圳大学	政府管理学院
天津师范大学	政治与行政学院
武汉大学	政治与公共管理学院
西北大学	公共管理学院
西南财经大学	公共管理学院
西南大学	国家治理学院
西南政法大学	政治与公共管理学院
燕山大学	文法学院（公共管理学院）
浙江工商大学	公共管理学院
浙江工业大学	公共管理学院
中国海洋大学	国际事务与公共管理学院

综观这些学校的行政管理专业，其人才培养和专业建设具有如下五个方面的经验：

一、注重公共精神的培育

在学科分类上，行政管理专业属于公共管理类专业，旨在为各级党政机关、事业单位、社会团体等公共部门培养从事公共管理和公共服务的专业人才。因此各高校在设置行政管理专业、制定人才培养方案时，都会强调公共精神的重要性，注重公共精神的培育。公共精神是公共管理人员应该共同秉持和遵循的公共思维、价值取向、职业能力等要求的总和，它指引并塑造公共管理人员的思想和行为模式，体现了公共部门对公共利益最大化和良好的公共秩序的追求。①公共精神要求公共管理人员对所处的公共职位有自我认知，这种要求源自公共管理人员对公共领域的公共属性的认知，并延伸出

---

① 参见银兴：《公共精神与服务型政府建设的几个面向》，《成都行政学院学报》，2021年第6期。

公共管理人员对于公共部门、公共资源、公共权力、公共利益、公共事务等"公共性对象"的认知,反映出公共管理人员的公共思维和职业理想的综合状态。现代公共管理是专业性工作,公共管理人员的公共精神在很大程度上需要特别培育和养成。行政管理专业作为专门培养高级公共管理人才的专业,在人才培养中特别注重公共精神的培育。例如,电子科技大学在行政管理专业的介绍中指出,本专业旨在培养具有高度社会责任感、能够充分适应社会管理活动、具备团队合作精神、拥有信息管理技术、富有国际发展潜力的行政管理人才。①贵州民族大学行政管理专业的人才培养方案提出,毕业生应具有公共意识、公共精神、公共责任,能在各级党政机关、事业单位、社会团体等公共部门,从事管理和服务工作。暨南大学行政管理专业的人才培养目标是:理论基础扎实、研究方法规范、实际操作能力强、具有公共关怀与社会责任感,能够适应现代社会需要的应用型、复合型专门人才。浙江工业大学2021级行政管理专业的人才培养方案指出,该专业旨在培养具有全球视野、家国情怀、公共精神和创新精神,能够胜任在各级党政机关、企事业单位、非政府组织、基层社区等从事行政管理、基层治理、数据分析与治理、城市治理、数字治理、办公室管理和政策研究等工作的专门人才。②此外,还有很多高校在相关学院(尤其是公共管理学院)的建院宗旨中即强调了公共精神的培育。例如,广州大学公共管理学院的建院理念即是"培育公共精神,创造健康社会"。贵州财经大学公共管理学院提出,要着力培养具有公共精神、融经管、具备较强的实践能力和创新精神的公共管理专业人才。

二、课程体系注重学生综合素质养成

课程是高校人才培养和课程建设的基础,也是专业建设的基本内容。在课程体系方面,2018年《普通高等学校本科专业类教学质量国家标准》比2012年《普通高等学校本科专业目录和专业介绍》规定的课程更加全面、更

---

① "专业介绍",电子科技大学公共管理学院网站,https://www.rw.uestc.edu.cn/info/1010/1001.htm。

② 《2021级行政管理专业培养计划》,浙江工业大学公共管理学院网站,http://www.sppa.zjut.edu.cn/frontend/showNews.html? hashcode=1216142828。

加详细。例如,后者只是规定了核心课程、主要实践性教学环节、主要专业实验三类课程,前者则规定了思想政治理论课程、通识类课程、学科基础课程、专业基础课程、专业必修课程、专业选修课程、社会实践、创新创业训练、实验实训、专业实习、毕业论文(设计)与综合训练等多种类型的课程,而且对每类课程都做出了更加详细具体的要求。(见表2)多样化的课程无疑有利于培养学生的综合素质。

表2 "本科专业类教学质量国家标准"规定的行政管理专业课程

课程类型	要求
思想政治理论课程	按国家规定执行
通识类课程	除国家规定的教学内容外,人文学科、社会科学、外语、计算机与信息技术、体育、艺术等内容由各高校根据办学定位和人才培养目标自行确定
学科基础课程	开设政治学、经济学、法学、管理学、社会学等相关学科基础课程
专业基础课程	公共管理、公共政策、公共伦理等
专业必修课程	政治学原理、管理学原理、公共管理学(行政管理学)、法学概论(宪法与行政法)、公共经济学(政府经济学)、公共政策学、行政组织学、公共部门人力资源管理
专业选修课程	由各高校根据公共管理类相关专业的学科优势和专业特色来确定
社会实践	志愿服务活动、领导力训练
创新创业训练	与本专业有关的学术活动、不少于5000字的社会研究报告、"实地调研""大学生创新创业训练计划"等
实验实训	技能训练(要有相对稳定的实训基地)
专业实习	不少于4周的专业实习(在专业实习基地进行)
毕业论文(设计)与综合训练	可采取学术论文、项目设计、调研报告、项目分析报告等形式完成

各高校在遵循国家标准的前提下,基于各自人才培养的定位,实行了具有特色的专业选修课程。例如,武汉大学政治与公共管理学院为公共管理类的行政管理、公共事业管理、劳动与社会保障三个专业制定了共同而有区别的人才培养方案。三个专业共同的课程包括:公共基础课程、通识教育课程、大类平台课程。此外,还有行政管理必修课程和选修课程。(见表3)

表3 武汉大学行政管理本科专业课程①

课程类别		课程名称
公共管理类专业共同课程	公共基础课程	马克思主义基本原理概论、毛泽东思想和中国特色社会主义理论体系概论、中国近现代史纲要、思想道德修养与法律基础、形势与政策、体育、军事理论与训练、大学英语、高等数学D、线性代数D、概率论与数理统计D、计算机基础、大学语文
	通识教育课程	人文社科经典导引、自然科学经典导引、中华文化与世界文明、艺术体验与审美鉴赏、科学精神与生命关怀
	大类平台课程	管理学、西方经济学、公共管理、公共经济学、公共政策概论、公共部门人力资源管理、社会科学研究方法、社会统计学
行政管理专业课程	专业必修课程	政治学原理、行政学原理、当代中国政府、行政组织学、公务员制度、西方行政学说史、行政法与行政诉讼法、决策理论与方法、电子政务、市政学、行政监督学
	专业选修课程	社会调查原理与方法、专业英语(行政管理)、行政案例分析、公共危机管理、公共关系学、公文写作与处理、公共组织财务管理、当代行政管理研究专题

　　南京审计大学行政管理专业本科课程分为三大板块:通识教育板块(共82学分,通识教育必修课55~66学分+通识教育选修课16~27学分),学科专业教育板块(共65学分,学科基础课33学分+专业主干课16学分+专业选修课12学分+实验4学分),素质拓展、就业创业与毕业环节(共13学分,素质拓展3学分+就业创业4学分+毕业环节6学分)。值得关注的是,基于学校特色,南京审计大学行政管理专业在通识选修课中设置了经济学通论、审计学通论、法学通论、科学技术通论、Access 数据库基础与应用、SQL Server数据库基础与应用、VB 编程、VFP 数据库基础与应用、经典著作导读②等课程共学生们选择。在专业选修课中,设置了3组共12门课程,供学生选择其中的6门进行学习。(见表4)

---

　　① 《2018 版本科人才培养方案》,武汉大学政治与公共管理学院网站,http://www.pspa.whu.edu.cn/rcpy/bk.htm。

　　② 要求学生在《南京审计大学经典著作导读推荐书目》中自行选择3本。

表4　南京审计大学行政管理专业选修课程①

组别	课程名称	要求
第1组	比较政治学、行政伦理学、公共预算管理、行政经典导读	每门课2学分,要求选择其中的两门
第2组	地方政府治理、非营利组织管理、社区管理实务、社会调查理论与方法	每门课2学分,要求选择其中的两门
第3组	管理心理学、行政沟通、行政职业能力开发、公文写作	每门课2学分,要求选择其中的两门

此外,其他学校也都在遵循国家标准的前提下,设置了多样化且有学校特色的课程体系。通过这样的课程设置,可以更好地培养学生的综合素质。

三、注重学生专业应用能力的培养

公共管理学科属于应用性学科,行政管理专业属于应用性专业。各高校在行政管理人才培养中,特别注重培养学生的专业应用能力。

例如,贵州民族大学行政管理人才培养方案提出:行政管理专业学生应具备公共管理学科的思维理解能力(政策理解与分析能力、公共事务的认知与分析能力)、计划能力(制定工作计划能力、分解公共任务能力)、组织协调与沟通能力、管理服务能力、应急管理能力、团队合作能力、调查研究能力、信息处理能力、表达能力(语言与文字)等专业能力。②

暨南大学行政管理专业强调:本专业着重培养学生具有政治鉴别能力、依法行政能力、政策分析与执行能力、公共服务能力、调查研究能力、学习能力、沟通协调能力、创新能力、应对突发事件能力、心理调适能力等。③

广东外语外贸大学行政管理专业要求学生掌握现代企业行政管理所需的管理、经济、人事、文秘、法律、培训、营销、翻译等能力和知识,掌握扎实的

---

① 《〈南京审计大学本科人才培养方案2015〉—行政管理》,南京审计大学公共管理学院网站,https://ggjjxy.nau.edu.cn/931/list.htm。

② 《贵州民族大学2018级行政管理专业人才培养方案》,贵州民族大学社会学院网站,http://sgxy.gzmu.edu.cn/xzfc/zzry.htm。

③ "行政管理专业",暨南大学公共管理学院/应急管理学院网站,https://gggl.jnu.edu.cn/2014/0626/c12046a313762/page.htm。

现代公共关系理论和公关策划、公关传播、涉外公关等专业技能。①

福州大学行政管理专业注重培养的是具有较强的管理、经营、策划等行政能力,可以胜任政府部门、非政府公共机构与和企业行政管理工作的专业人才。

四、注重高水平师资队伍建设

师资队伍是专业建设的基础。近年来,随着我国高等教育的迅速发展和高水平人才培养的不断加强,以及留学人才归国潮的涌现,我国高校师资队伍建设不断加强。在这样的形势下,各高校的行政管理专业不断强化师资队伍建设,师资队伍水平获得大幅度提升。

首先,师资队伍的学历水平得到大幅度提升。各高校的行政管理专业的专职教师中,博士学位教师已经达到绝大多数,其中很多教师毕业于世界知名大学。

其次,教师的教学、科研水平得到大幅提升。例如,中国海洋大学国际事务与公共管理学院 56 名专职教师中,教授 18 人,副教授 25 人,教育部新世纪人才 2 人,泰山学者青年专家 1 人,中美富布赖特研究学者 3 人,繁荣工程教授 1 人,青年英才 13 人。2017—2021 年主持国家社科基金海洋研究专项重大项目 2 项、国家社科基金项目 18 项、国家自然科学基金项目 2 项、教育部等省部级课题 20 余项;出版专著、教材 20 余部;在 SSCI、CSSCI 等高水平期刊发表论文 210 余篇,获省部级及以上教学科研成果奖 10 余项。②华南师范大学行政管理专业大多数教师具有海外学习经历。

此外,关于教师情况,各高校相关学院网站都有介绍,这里不再赘述。

五、注重突出学校特色

包括行政管理在内的公共管理类专业总体上属于较为新兴的专业,从

---

① "专业介绍",广东外语外贸大学社会与公共管理学院网站,https://zg.gdufs.edu.cn/xygk/zyjs.htm。
② "学院简介",中国海洋大学国际事务与公共管理学院网站,http://siapa.ouc.edu.cn/xyjj/list.htm。

各个国家级一流专业及其所在学院的情况看,一般是在20世纪90年代设立的行政管理专业,21世纪初设立的相关学院。在专业和学院建设过程中,各高校在遵循教育部有关要求的前提下,基于学校的历史传统和学科专业建设基础,积极进行特色建设,在人才培养目标、课程设置、能力培养等方面突出学校的特色。

例如,不同于其他高校行政管理专业旨在为公共部门培养专门人才,广东外语外贸大学行政管理专业发挥其联系外贸企业较广和外语学科较强的优势,以"专业+外语"为基本模式,要求学生掌握现代企业行政管理所需的管理、经济、人事、文秘、法律、培训、营销、翻译等能力和知识,掌握扎实的现代公共关系理论和公关策划、公关传播、涉外公关等专业技能,旨在培养高素质、厚基础、宽口径、强应用的复合型企业行政管理和公共关系人才。①

广州大学公共管理学院2014年10月28日正式推行本科生导师制。制定了《广州大学公共管理学院本科生导师制度暂行办法》,在包括行政管理在内的各专业推动实施现代学徒制,实现"大课堂"和"小指导"的有机结合,积极拓展高等教育综合改革和建构新型师生关系。②

燕山大学围绕培养具有坚实的管理学和政治学理论素养,熟练掌握公共管理分析方法,熟悉行政组织、行政行为、行政法规与行政事务的复合型专门人才的培养目标,形成了行政管理理论与实践、电子政务理论与实践两个人才培养方向。③

电子科技大学以行政管理学和现代政治学两大传统优势学科为支撑,依托学校在电子信息技术方面的独特优势,借助文科综合实验平台的优质办学条件,在教学中注重文理交叉和学科融合,尤其注重电子信息技术学科与行政学、管理学的融合与相互渗透,在电子政务、公共组织与人力资源管理等方面形成了自己的优势和特色。④

---

① "专业介绍",广东外语外贸大学社会与公共管理学院网站,https://zg.gdufs.edu.cn/xygk/zyjs.htm。

② "广州大学公共管理学院院情总览",http://gupa.gzhu.edu.cn/xygk/xyjs.htm。

③ "本科招生简介·行政管理专业介绍",燕山大学文法学院(公共管理学院)网站,http://wenfa.ysu.edu.cn/info/10486/85954.htm。

④ "专业介绍",电子科技大学公共管理学院网站,https://www.rw.uestc.edu.cn/info/1010/1001.htm。

西南财经大学的专业特色是：以经济学为背景，多学科交融，理论素养与实践能力并重。①

此外，其他各高校的行政管理专业也都积极探索自身的专业特色。

总体而言，经过改革开放以来，尤其是 20 世纪 90 年代以来几十年的建设，我国各高校涌现一批具有一定优势和特色的行政管理专业，行政管理专业建设已经取得了一定的经验。当前，在习近平新时代中国特色社会主义思想的指导下，一流大学、一流学科、一流专业建设也进入了新阶段，各高校必将在教育部和有关地方政府的支持下，立足国情，学习借鉴国内外相关专业建设的先进经验，为我国"十四五"规划和 2035 年远景目标的顺利实现，为新时代各项建设提供优质的行政管理专业人才支持。

作者简介：薛立强，男，博士，天津商业大学公共管理学院教授。

---

① "本科生专业介绍"，西南财经大学公共管理学院网站，https://spa.swufe.edu.cn/info/1050/1240.htm。

基于交叉学科的公共事业管理
专业人才培养的探究

马　英

　　公共事业管理专业是一门跨管理学、经济学、社会学、法学、政治学、心理学等多学科的交叉、融合的专业,其人才培养具有典型的综合性、实用性和交叉性特征。公共事业管理专业的人才培养,要以交叉学科建设为基础深化教学改革,培养学生能够融合多学科的知识进行思考,使学生能够从多维视角分析、解决复杂的公共事业管理问题。

一、社会对公共事业管理专业人才的需求

　　公共事业事关政府的职责与民众福利,公共事业服务能力和服务水平关系民生、连着民心,影响着人民群众的生活质量及社会各类组织正常活动的开展。当前,我国人均国内生产总值(GDP)已经突破 1 万美元,全面小康社会建设取得了伟大的成就,城乡居民的生活水平日益提高,人们对美好生活追求的标准也在不断地提升, 社会对公共事业的需求结构正在从生存型向发展型转变。另外,随着我国老龄化时代、"三孩时代"的到来,人们对教育、医疗、文化艺术、体育、社会保障、环境保护与生态建设、通信、邮电、交通、水、电、煤气、供热等公共事业领域的优质服务的需求与日俱增。

　　为了满足社会经济发展过程中城乡居民对公共事业的需求, 回应社会公众关切的幼有所育、老有所养的民生问题,迫切需要加强公共事业管理,提升公共事业的供给品质。实践证明,政府作为单一的公共事业提供主体,导致了社会公众对公共事业服务事项的优质服务、便民服务的需求与供给

不平衡、不充分之间的矛盾。在计划经济体制下,我国政府承揽了一切社会公共事业,通过行政方式调配资源的形式向社会提供公共事业服务。随着我国社会主义市场经济的发展,人民群众生活水平的提高,社会对公共事业服务事项提出了优质化、便民化的要求。由于政府的再分配能力仍需完善,及政府直接操办公共事业存在的官僚主义和不计成本的缺陷,不能满足社会对公共事业服务的需求。这就要求公共事业提供主体的多元化,既需要政府举办的事业单位、国有企业,也需要社会力量举办的非企业法人单位、社会团体等社会组织。

公共服务水平关乎着我国"以人民为中心"的服务型政府的建设,"十四五"公共服务规划明确地提出:大力培养公共服务人才,提高公共服务专业化水平。公共事业的本质就是公共事业领域的公共服务,公共事业服务是公共服务的重要组成部分,公共事业管理就是要保障其组织向社会提供高质量的、有效的公共服务。公共事业管理专业人才是建设高质量的公共服务体系的保障,政府持续推进向社会提供优质、高效的公共服务,就需要一大批能够适应社会环境变化,具有公共精神和资源整合能力的高素质、复合型公共事业管理专业人才。

二、高校公共事业管理专业人才培养现状

我国于 1998 年将公共事业管理专业列入普通高校本科专业目录,1999年东北大学、云南大学首批招生公共事业管理专业的学生。之后,高校公共事业管理专业布点发展迅猛,2009 年专业布点数达到了 472 个,高峰时期一度超过 500 个。开设公共事业管理专业的高校形形色色,既有多科类大学又有单科院校;既有工科类、医学类、师范类、财经类、农学类的高校,也有传播类、艺术类、体育类的高校。随着我国高等教育普及化时代的到来,学历社会已经迈向能力社会,社会对高等教育的要求聚焦在人才能力的培养上。公共事业管理作为交叉融合的专业,其课程体系、理论与实践教学以及人才培养模式,都需要打破学科专业壁垒,举办校要具有特色优势专业群保障其人才培养质量。

　　随着社会的发展,党和政府对高等教育提出了要更好地服务国家发展战略、区域经济社会和产业发展对人才需求的要求,高校根据自身办学定位进行专业优化,一些高校纷纷撤销了自身不具有办学优势的专业布点。根据教育部公布的各年度普通高等学校本科专业备案和审批结果来看,2016—2021年,85所高校撤销了86个公共事业管理专业布点。(见表1)其中17所师范类院校撤销了公共事业管理专业布点,占比20%;9所戏剧、传媒、电影、舞蹈、艺术类院校撤销了公共事业管理专业布点,占比11%。同期申请开设公共事业管理专业布点12个(见表2),其中3所高校开设的专业为二年制的二学位。高校根据自身的发展定位而进行的专业调整,使得公共事业管理专业的人才培养进入了理性发展阶段。

表1　2016—2021年公共事业管理专业撤销情况

年度	2016	2017	2018	2019	2020	2021
专业点数	3	9	9	13	21	31

表2　2016—2021年公共事业管理专业申请开设情况

年度	学校名称
2016	华北科技学院、中国民用航空飞行学院
2017	中国社会科学院大学、安徽外国语学院
2018	西华大学
2019	上海健康医学院、贵州商学院
2020	江西中医药大学(二学位,二年制)、潍坊科技学院、右江民族医学院(二学位,二年制)
2021	燕山大学(二学位,二年制)、贵州中医药大学时珍学院

　　《公共管理类教学质量国家标准》提出:公共事业管理专业培养在党政机关、事业单位、社会团体等公共部门从事管理或服务工作的专业人才。各举办校以此为依据,同时结合自身的教育资源优势对人才培养有所侧重。以天津中医药大学、天津工业大学、天津科技大学为例,从各校官网发布的相关信息来看,天津中医药大学紧紧地结合自身的行业特点,明确了公共事业管理专业为卫生事业管理方向,另外两所高校没有明确区分公共事业管理的方向。从三所高校培养的学生就业去向来看(见表3),就业岗位的公共事业管理的专业范畴并不明显,可替代性较强。社会对高校培养的公共事业管

理专业人才的反馈是：只通不精，没有专长。公共事业管理专业人才培养与社会需求之间存在着不匹配的矛盾。

表3　公共事业管理专业学生就业去向

高校名称	就业去向的描述
天津中医药大学	既可在各类各级医疗卫生机构、疾病预防与控制部门、卫生行政部门、社区卫生服务机构及与健康相关产业等企事业单位，从事卫生监督与管理、疾病控制与预防、行政管理、人力资源管理及健康管理等相关业务管理和综合管理的工作；也可入职一般公共事业如文教、体育、环保、社会保险等相关政府部门、政策研究机构、大中型企事业单位(如健康产业企业等)从事相关管理工作
天津工业大学	进入综合经济管理、社会管理和社会治理、劳动和社会保障、环境保护、文教卫生、新闻出版等行政机关、企事业单位、社会组织等机构，从事行政管理、日常事务管理、科研等岗位工作
天津科技大学	主要是党政机关、企事业单位、社会团体、公共服务系统的办公和管理工作。也可从事文教、卫生、社区、环保、社会保险、艺术、体育等公共事业单位的行政管理工作

三、基于交叉学科的公共事业管理专业人才培养的思考

哈佛大学前校长德里克·博克认为，学生要想在未来的社会中实现自身的价值，应该具有广博的知识，在深度上擅长一个专门的领域，在广度上接触几个不同的学科。这对于公共事业管理专业人才培养具有重要的启示。公共事业管理作为学科交叉融合的专业，不仅要考虑所培养人才的愿景目标，也要注重能够帮助他们达成愿景目标的就业能力的建设和培养。既要通过学科间交叉融合培养学生的思维方式、研究方法和人文素养，以达成人才培养的愿景目标；又要注重培养学生某一领域的专业能力，以实现人才培养的就业目标。

（一）加强公共事业管理专业特色课程体系的构建

公共事业管理专业要培养能够解决多学科交叉的公共事业管理问题的高素质人才，这就需要紧紧围绕公共事业管理专业的公共性、管理性、专业性的特点，构建具有专业特色的学科交叉与融合的课程体系，挖掘课程内容中的学科要素，通过课程内容之间的衔接，把跨学科的知识有机地协调起

来?从而发挥各门课程在人才培养中的最佳功能。如公共事业管理专业开设的选修课《商务谈判》,在"谈判策略"的内容中,对于"值不值得谈""如何谈",就涉及经济学的成本—收益、管理学的团队建设、社会学的人际交往、心理学的博弈、传播学的有效沟通等不同学科知识的内容,这就要求这部分内容将不同学科的知识衔接在一起,培养学生经济学思维、管理学思维、社会学思维、心理学思维、传播学思维所融合的交叉思维,从而实现人才培养的愿景目标。

(二)强化公共事业管理专业的实践教学环节

实践教学实现课程教学与实际应用的有机结合,提高学生分析问题、解决问题的能力,是培养学科交叉的复合型应用型人才的一个重要环节。公共事业管理专业人才的培养,要将实践活动贯穿人才培养的全过程,使学生通过实践活动掌握就业所需的专业能力,更好地培养和发展学生的业务能力、学习能力和创新能力。为学生提供多层次、多样化的专业实践活动,通过课程的"案例讨论""情景模拟",校内"学生事务管理实习""办公室事务管理实习",校外的"社区岗位实习""公共机构实习"等实践环节,使学生认清自己的优势、劣势,明确未来的职业方向,激发学生学习的动力。制定完善的实践考核评价机制,以多维度的视角考察学生的实践能力,使学生在学习中实践,在实践中学习,突破课堂讲授为主的人才培养模式。

(三)注重公共事业管理专业学生相应领域的专业能力的提升

1929年,出任芝加哥大学第五任校长的罗伯特·梅纳得·赫钦斯注意到:家长及其子女想通过大学教育获得好工作,将其回应称为大学教育中的"职业主义"。随着我国高等教育的普及,大学毕业生人数逐年攀升(见表4),我国的高等教育已然进入"职业主义"时代。高等教育学历的"稀缺度"下降、家长及学生的就业预期提升、用人单位对就业的学生"上岗就能上手"的需求增强,是"职业主义"时代的特征,这就使得高校毕业生的就业竞争力体现在其专业能力水平上。罗伯特·梅纳得·赫钦斯针对工程学专业人才培养,提出"由于50%的工程学专业的毕业生不会成为工程师,工程学院应该努力向他们提供对于任何职业而言都有用的教育，而不是教给他们仅仅是工程方面的有用的诀窍"。公共事业管理专业的人才培养,要提升学生某一领域的专业能力,使学生掌握从事公共事业的某一岗位的工作本领,实现人才培养的就业目标。

表4 近年来高校毕业生情况

毕业生届数	2020届	2021届	2022届
毕业人数(万人)	874	909	预计1076
同比增加人数(万人)	40	35	预计167

作者简介:马英,男,硕士,天津商业大学公共管理学院教授。

新形势下基于产生导向教育理念的会展专业人才培养模式及策略研究 *

刘红霞

随着"一带一路"建设的深入推进,内外双循环的经济发展格局初步构建,会展产业作为经济发展的润滑剂和晴雨表,同时,随着5G通信技术、虚拟现实和人工智能的新兴技术逐渐成熟,以及人们生活消费和工作习惯的移动化、网络化,会展产业自身发展取得颠覆性突破的可能性大幅增加。基于复杂的全球局势,教师如何应对新的、不可预测的挑战? 如何对教学有新的思考方式? 如何结合新的需求及时调整会展专业人才的培育模式? 产生导向教育理念提供了很好的探索方向。

一、产生导向教育概述及国内外应用情况

(一)产生导向教育概念

产出导向教育(Outcome Based Education,简称OBE)自1981年由美国学者威廉姆·斯派迪(William G.Spady)提出以来,先是在澳大利亚等国家的高校付诸实践,很好地缓解了当时高校教育与社会需求脱节的矛盾,后来陆续被引入到中国台湾、中国香港等地区的大学。[①]根据威廉·斯派迪在1994年提出的产生导向教育金字塔结构模型,产生导向教育主体框架由"12345"五层

---

　　* 基金项目:教育部高等教育司2018年第二批产学合作协同育人"提升学生深度参与的社会调查方法课程教学手段优化"(项目编号:201802112029)。

　　① 　William G.Spady, *Outcome –Based Education*: *Critical Issues and Answers*. Arlington,VA: American Association of School Administrators,1994,pp.1–10.

次组成。

"1"即一个清晰的愿景框架,能清晰描述学生在专业领域要达到的理想状态及实现路径。

"2"即两个目标,将愿景分解为具体的要求清单和实现的基本条件。

"3"即三个关键假设:所有学生都能通过努力成功、学校扮演重要的角色、成功能够促进更积极的学习。

"4"即四个原则:聚焦顶峰、自上而下、高度期许、拓展机会。

"5"即操作层面的五个实施要点:明确学习目标、构建课程体系、形成教学策略、自我评价和循序渐进。

其中最为关键的就是清晰的愿景框架和基于五个操作层要点形成的实施路径。产生导向教育完全围绕学生为中心,而教师、学校等只是帮助学生成长的支持者、推动者,教学系统的全过程都以成果作为评价的基础。

近年来,我国教育界逐渐认识到产生导向教育理念在课程建设和人才培养方面的作用,部分高校开始逐渐探索产生导向教育的应用,检索以"产生导向教育、成果导向、产出导向"为关键词的文献,发现国内自 2016 年开始,文献数量快速增长,目前仍呈上升趋势。在实践中产生导向教育可以分为三个层次:最基本的强调专业技能、结果呈现结构性较强的传统型产生导向教育,强调非结构性表现和较强综合能力的过渡型产生导向教育,完全角色转变的理想状态的产生导向教育。

目前国内大多数践行产生导向教育理念的高校探索都还处于第一层次,更多地从课程目标、课程体系、评价机制等微观方面入手,更多聚焦在某一课程层面。而完全角色转变的产生导向教育是从学生的思想意识、思考逻辑、行动习惯等多方面、深层次改变,培养出能很好在复杂多变、充满挑战的外部环境快速适应的"完美人才",是产生导向教育在全社会层面取得成功的完美状态。过渡型产生导向教育是介于传统型和理想型产生导向教育之间的过渡状态。

(二)产生导向教育国内外应用

美国、日本等国家应用产生导向教育比较早,开展了很多相关研究,很多高校都建立了比较成熟的产生导向教育实践体系。①布朗(A.S.Brown)等学者在1988年以产生导向教育成功实施案例为依据,站在课程建设的整体方面肯定了产生导向教育在课程实施领域的作用,认为依据产生导向教育理念指导下的教学方式有利于提高学生的主动性,帮助学生更快地达到预期目标。②拉赫曼(R.A.Rahman)等人对本科工程教学的产生导向教育课程实施进行了研究,并得出自我调节学习可以作为促进产生导向教育的有力环境因素这一结论。③奥里亚·阿基尔(Oriah Akir)等学者认为,产生导向教育的根本导向是能够创造出学习产出,基于此理念的学习过程要以学生为中心,它保证学生们在学习结束时,能够成功获得需要的知识与技能。实践方面,马来西亚工程认证委员会于2005年明确提出,工程教育需要从传统模式向产生导向教育理念模式转变。产生导向教育理念作为工程专业认证三大基本理念(成果导向、学生中心、持续改进)之一,强调学生预设学习成果、多元化有针对性的授课及多维度评价,被众多国际工程教育认证机构作为重要的认证标准。2015年美国得克萨斯州高等教育协调委员会颁布《得克萨斯州高等教育战略计划(2015—2030)》,明确要求州内高校应加大力度开发应用性较强的课程,培养学生具备受市场及广大雇主认可的技能。

　　国内关于产生导向教育的研究和时间较国外而言都比较晚,但由于基于国外实践的探索,国内相关的应用少走了一些弯路,并且研究和探索的角度更广。吴建强等人利用产生导向教育理念成果导向的思想,设计电子学实践课程的目标并指导教学实施。④赵洪梅肯定了成果导向教育在工程教育改

---

①　See A.S.Brown Brown,A.S.,Outcome-based education:A success story,*Educational Leadership*,No.10,1988,p.12.

②　See R.A.Rahman,S.Baharun,Self-Regulated Learning as the Enabling Environment to Enhance Outcome-Based Education of Undergraduate Engineering Mathematics,*International Journal of Quality Assurance in Engineering and TechnologyEducation*,No.4,2014,pp.43-53.

③　See Oriah Akir,Tang Howe Eng,Senian Malie. Teaching and Learning Enhancement Through Outcome-based Education Structure and Technology E-learning Support.*Procedia Social and Behavioral Sciences*,No.62,2012,pp.87-92.

④　参见吴建强等:《基于成果导向的电子学实验课程建设与实践》,《电气电子教学学报》,2017年第4期。

革中的重要作用,并从定义成果、持续改进、学生中心等角度对工程教育课程教学设计、教学实施、教学评估等方面进行分析并提出建议。[①]郭文剑等人研究了软件类技术行业资历框架下的课程改革,从产生导向教育的角度为课程认定标准开发提出建议。[②]还有学者基于产生导向教育理念反向审视高校部分专业课程设置和效果的现状,并提出了课程改革的建议。近年来,有部分学者开始从专业认证、互联网+、"金课"建设等多角度去解读,并开始从理工科专业辐射至文科医科等各个多个专业。

总体来看,国外关于产生导向教育研究和实践的历史较长,在经过长期的教学实践和实证研究后,已经结合行业发展或者社会需求,形成了比较成熟的运作机制。但在国内,虽然研究和探索的角度很多,但探索比较深入的领域主要集中在工科和医学领域,也很少就某一个学科领域形成比较系统的应用和成熟的机制。而关于商科专业应用产生导向教育理念的研究和探索相对较少,特别是会展与经济管理专业作为既需要有一定市场经济理论、营销理论等理论知识,又需要有较强的策划、控制评估能力、系统思考能力的应用型专业,在会展专业人才培养方面应用产生导向教育理念,既能进一步提升会展专业人才培养与市场经济发展需要之间"供需"关系的契合度,也能为会展专业学科建设发展提供一个全新的发展视角。

二、新形势下会展本科专业人才现状及不足

(一)会展本科专业人才发展现状

中国会展教育诞生于 21 世纪初,经历了从无到有的开拓创新和发展,2004 年经教育部正式批准开设了第一批会展经济与管理本科专业以来,我国开设会展经济与管理的本科院校已有 117 所,开设会展策划与管理的高职院校有二百余所,目前已经形成了从高职到博士层次丰富、体系完整的教

---

① 参见赵洪梅:《基于成果导向教育的工程教育教学改革》,大连理工大学,2016 年硕士论文,第 21 页。

② 参见郭文剑等:《基于成果导向的行业资历框架下的高职课程建设教学改革—以软件技术类专业为例》,《中国多媒体与网络教学学报(中旬刊)》,2019 年第 6 期。

育体系。

从专业课程设置来看，目前主要集中在会展策划与组织、会展场馆管理、会展运营管理、会展项目管理、会展服务管理等方面，更多是基于传统会展(MICE)领域需求开展的课程设计，部分高校针对性开设了社会调查、营销学原理、文化创意等相关领域的课程，在整体上形成了与传统会展产业发展需求相适应的人才知识结构。①但从毕业生实际就业情况来看，虽然目前会展行业人才学历集中在本科与高职高专层面，分别占比41%与42%。但从招聘人才要求来看，国内大部分会展企业招聘将专业要求定位于市场营销、工商管理等大众专业，部分企业对会展专业了解甚少。据统计，会展行业招聘在学历要求上66%要求高职以上学历，但本科以上仅占22%。

究其原因，一方面从企业角度看，同等薪酬水平，高职高专人才性价比更高，特别是需求量较大但人才水平不需要过高的岗位，毫无疑问高职高专人才是首选。另一方面，目前我国的大部分高校会展专业本科人才与高职高专人才，对企业而言并未体现出显著的价值贡献。基于此，会展本科教育必须赋予学生更多、更高的高职高专院校所不具备的能力优势。产生导向教育理念给我们提供了一个很好的切入点，利用其从需求端反向设计的特色，根据会展行业不同层次人才需求，有针对性进行人才知识结构设计和培养。

(二)新形势下会展专业本科人才培养面临的问题

当前我国经济发展进入新阶段，国际形势、技术条件、经济阶段都发生新的变化。一是随着中美博弈的加深，一带一路深入推进，以及我国在全球经济中的话语权和影响力不断增加，会展作为向全球展现我国企业影响力的重要形式，面临着前所未有的使命。二是信息技术如大数据、人工智能、5G通信、虚拟现实等快速发展，为会展行业数字化提供了可能。三是我国经济进入高质量发展阶段，特别是在高端商品对外贸易、技术交流交易等领域，各类展会、论坛越来越多需要我国企业参与甚至主导，会展行业对经济的带

---

①　全国旅游职业教育教学指导委员会：《会展行业人才需求与职业院校专业设置匹配分析》，《中国职业技术教育》,2020年第29期。

动效应将更加明显。在这种大背景下,传统的会展教育和会展人才培养模式显然不能满足实际发展的需要,各种弊端和问题逐渐暴露:

一是理论基础薄弱且专业设置同质化严重。我国会展专业发展历史不长,更多是脱胎于旅游专业、市场营销等传统大专业,专业理论基础更多是借用其他专业,就会展专业而言并没有形成独立、系统、完善的理论体系,专业体系本身的"借用"痕迹明显。另外呈现明显的同质化现象,分两个层次,一方面是校际层面专业设置同质化,国内一百多所本科院校会展专业设置大同小异,各校之间的特色性不明显;另一方面是本科和高职专业设置同质化,本科专业在理论创新等方面并未表现出与高职院校显著的层次优势。

二是市场供需方面的结构性失衡。会展专业招生规模虽日益扩大,但会展人才与会展企业需求耦合度较低,一方面是用人单位无法招聘到符合需求的会展专业毕业生,另一方面是高校培养出的会展"应用型"人才毕业后就业不对口。①根据 2020 年的一份调查数据显示,仅仅具备传统会展专业知识结构及技能的人员,在会展产业数字化进程中逐渐不能胜任工作岗位,面临下岗及转型的压力,这部分传统会展人才供给过剩。

三是会展教育发展节奏未跟上时代形势的变化。互联网+时代的到来对各行各业都产生了巨大影响,5G 技术、AI 技术、VR 技术的不断成熟,特别是当前民众已经逐渐适应互联网+带来的便利,消费习惯已经逐渐形成。客观条件要求"双线会展"应运而生。目前,不少高校已经开始探索互联网技术与会展行业结合的相关研究,也在会展教育等方面开始了一些探索,但探索的速度、力度和深度都难以满足实际发展的需要。例如对于互联网+会展的边界和内涵并不清晰,业内也未达成一致;②对于能够体现"互联网+会展"的课程涉及不够,无法凸显互联互通、大数据、云计算、虚拟仿真、智能交互等技术在现代会展业发展中的重要地位。

---

①　参见黄可筠:《数字经济时代高职会展专业人才培养定位及路径优化研究》,《福建开放大学学报》,2021 年第 6 期。

②　参见杜玉潺:《互联网+会展背景下高职会展策划专业学生关键职业能力的培养研究》,《时代经贸》,2016 年第 19 期。

(三)会展专业人才需求变化

时代和行业的变化,必然带来对人才需求的新要求。基于当前面临的形势的变化,以及现状会展专业人才的培养模式的不足,当前社会的会展专业人才需求除了传统会展人才必备素质之外,还呈现以下明显的趋势:

一是需要具有更广泛的专业背景。除了传统的市场营销、会展专业背景外,还需要有较强的互联网思维和敏锐的互联网意识,对于网络传播心理学、新型网络营销模式、虚拟现实设计等领域有所涉猎。

二是有敏捷的反应能力和应急处理能力。当前社会网络高度发达,网络传播速度极快,任何负面消息处理不当后果难以设想,会展管理面向对象极为复杂的公众界面,必须有较强的应急处理能力。

三是较强的国际化交往能力。随着我国国际影响力与国际经济活动紧密度不断增加,特别是"一带一路"建设的不断推进,我国企业走出去参展、面向全球组织国际化展会等方面的需求越来越多,会展行业人才的国际化交往能力需求愈发凸显。

四是有较强的系统化思考和综合处理复杂事务的能力。随着会展企业呈现平台化发展趋势,会展管理需要整合产业上下游、参展商与主办单位、供应商、媒体机构等各种资源,统筹安排各方需求,最终达成所有参与方的一致目标。

三、基于产生导向教育的会展本科专业人才培养模式改进要点及模型搭建

(一)改进要点

基于产生导向教育的会展人才培养改革,应该从以下三方面考虑:一是从教育层次上,应该按照国家赋予不同层次教育的职责,有侧重地设计能力培养体系。二是从专业能力上,应该充分考虑新形势下经济发展需要对大学教育提出的现实要求,匹配新的需要。三是从基本素质上,针对学生的个性实现差异化发展,强化培养学生与市场最匹配的综合能力。

首先是明晰自身定位,凸显人才的层次性。我国在人才培养方面已经形成了完整的体系,不同层次各司其职,培养各有侧重。具体到会展学科,研究生层次更侧重于理论创新、高端研究能力,实践上更注重于宏观层面的趋势、模式研究。本科层次兼顾理论研究和实践应用,既关注行业发展趋势、动态,也了解会展行业上下游各相关主体的特点、分工及运作机制,更要系统掌握会展活动的全生命周期的关键要点和具体流程,应具备更好的系统思考能力、分析判断能力、危机处置能力,而非简单的执行力。高职高专层次更侧重于技能层面的工具、方法、流程,或者是全流程某一环节、某一细分领域的具体技能,精准对接行业标准,以及岗位技能标准等。

应用型本科院校商科专业所要培养的,正是经济活动中中观层面的管理者和组织者,[①]既不同于重点大学培养的面向企业高层管理的工商管理硕士,也不同于高职高专院校培养的职业技能型的商科人才,其目标应该是以培养企业中高层管理者。具体到会展专业,[②]应聚焦于跨行业、跨媒介进行资源整合,能胜任会展项目策划、会展产品营销、会展项目运营、活动组织与管理等工作的高素质应用型会展人才,既承担管理者的角色,也兼顾部分执行层面的事务,但更多应该是前者。

其次是匹配时代需求,实现课程内容改革与时俱进。教育的目的是服务于社会,培养人才的终极目标应该是满足社会发展和进步的现实需要。产生导向教育把生产领域的概念和要求引向教育,[③]认为教育的过程就是生产过程,学生是特殊的"产品",教育的目的就是使学生在步入社会时,其知识、技能、能力符合社会的需求,能够经受社会的检验。

在变幻莫测(VACU)的时代,快速对变化做出响应是取得成功的关键,会展专业发展与时代发展和外部环境紧密相关,新的时代背景和外部条件对人才的需求提出新的标准和要求,这种情况下,根据产生导向教育理念,高校需要敏锐捕获最客观真实的社会需求变化,梳理核心要点,并及时反馈

---

① 参见赵海峰:《应用型本科院校的商科人才培养模式》,《高等教育研究》,2012 年第 4 期。

② 参见周健华:《新商科背景下会展应用型人才培养模式研究》,《职业技术》,2021 年第 5 期。

③ 参见胡剑锋:《基于产生导向教育的民办本科高校大学生创新创业能力评价》,《社会科学家》,2016 年第 12 期。

在教学课程设计中,通过改革课程体系,引导和培养学生社会最需要的特色能力。

目前信息化、国际化、平台化是会展行业发展的典型趋势,对会展专业人才在线上会展组织、涉外会展组织和周边资源整合等方面的能力提出新的要求,反映到课程内容改革层面,就涉及了网络技术、人工智能、虚拟现实、宏观经济、国际经济与形势、旅游电子商务、人际沟通与公共关系、社会心理学、产业经济等原来与会展并无关联的课程内容,可以有意识通过公共课、选修课等形式加以强化,或者与其他院系建立协同培养机制。

最后是强调培育学生市场最需要的能力。产生导向教育的核心就是产出导向、反向设计,培养学生获取未来社会所需要的能力的教育模式,同时又遵循不同学生的个性化要求,达成所谓的顶峰成果(Culminating Out-comes)。①这种学习成果包含系统的专业知识、正确的较直观和心理情感,以及可以用于实际生活和工作的经验和技能。这其中的核心问题是市场最需要什么能力? 这个问题解决好,就可以解决掉长期以来会展专业人才培养存在的供需结构性失衡的矛盾。我们可以参照产生导向教育金字塔模型的操作层面的五个实施要点,对上述问题进一步分解,即:如何捕获、描述市场需求,即确立学习目标;如何将需求通过教学过程转化为学生的能力,即构建课程体系、形成教学策略;如何确保人才"供需"高度契合,即自我评价和持续改进。

(二)基于产生导向教育的会展人才培养模型搭建

基于以上三个改进要点,我们尝试搭建基于产生导向教育的会展专业人才培养模型。

(1)该模型首先从人才"需求"分析入手,根据经济环境、行业趋势、市场现状等分析、梳理出当下会展行业对人才的需求地图,再根据不同教育层次体系侧重,尽可能精准定位本科层次对应的市场需求能力体系。

---

① 参见刘衍聪:《基于产生导向教育理念的应用技术型人才培养方案的设计》,《中国职业技术教育》,2018 年第 14 期。

（2）市场需求能力体系构建完成后,根据产生导向教育理念确立专业人才培育的即时目标,同时结合学生能力特色和个性需求,从"供给"的角度,建立会展专业教学改革的路径:①精准捕获市场需求,确立培养目标。②在课程设置上结合外界条件和需求变化及时更新、跨界融合。③在教学策略上始终坚持贴近、融入产业,在形式上多样、内容上纵深,不仅是产教融合,更是产教一体。④摈弃传统的教学效果评价体系,真正将"校园外"评价纳入评价体系,实现评价多元、多频。⑤根据评价结果,及时调整课程设置和教学策略,不断优化教学过程,致力培养出符合产生导向教育体系中的"顶峰成果"的人才。

（3）整体上人才供给和需求形成一个快速迭代的螺旋闭环,伴随外部影响条件,如行业变革、产业升级、市场波动等,不断反馈给人才培育体系,做到双向促进,整个过程保持足够的灵敏和快速响应。

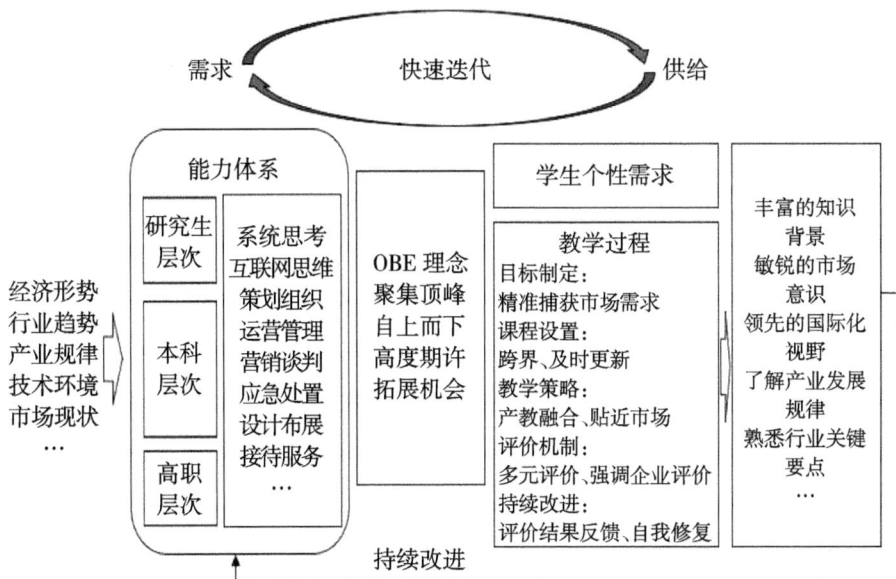

图1　基于产生导向教育的会展人才培养模型

该模型尝试描述了基于产生导向教育的会展专业本科人才培养的逻辑框架,其核心精髓在于清楚描述产生导向教育中的"产出"标准的路径,是在践行产生导向教育理念的各个环节都要充分考虑市场这个需求端,并且要做到快速反应、灵活调整、持续改进。在实践中,该模型的落地需要对现有会展专业本科教育体系进行较大的变革和创新,特别是在课程目标设计、课程内容调整和教学策略制定方面。

四、基于产生导向教育的会展本科专业人才培养对策及建议

目前,全球都面临百年未有之大变局,各行各业发展日新月异。对区域经济发展有着显著催化、促进作用的会展产业,也面临着如何适应新的形势、并跟上时代的节奏。作为会展产业人才培养的主要力量,高校本科会展专业必须做出快速调整,以适应市场真正的需要。本文尝试在以下两方面给出建议:

(一)理念的转变

会展专业作为一门典型的应用型学科,应用产生导向教育理念无疑是正确的。不管是教育管理部门,还是高校相关院系,都应该深刻意识到,传统的会展专业教育很难满足当前快速发展的社会需求,必须尽快做出行动。好在国内目前在工科、医科领域部分院校已经取得了产生导向教育探索的成功,商科会展专业可以借鉴其经验,结合商科自身需求开展创新探索。理念转变的核心是开放思想,敢于突破现状,体现在两个层面:一是会展专业人才的培育要放在时代背景、宏观形势下去考虑,我们所处的时代、我们的国家到底需要什么样的会展人才? 而非简单的教书育人。二是作为应用型学科,会展专业教育应该跳出校园围墙,与实践结合更加紧密,甚至应该融合发展。脱离实践的理论探索和灌输式的教育,只会与市场的实际需求南辕北辙。

(二)紧贴市场需求,探索本科教育体系创新

所谓产生导向教育理念,核心就是与常规的正向教育体系设计不同,是根据实际需求反向设计教学的目标、策略、路径以及评价体系,每个环节都应该发挥学生的个性,充分考虑"产出"的需要。

一是目标制定。基于教育部设定的本科专业教育基本要求框架之上，高校院系在培养目标制定时，要精准捕获市场需求，一方面要充分考虑区域经济发展需要、院系特色及自身短板，[1]例如结合四大会展经济圈区域经济发展特色和定位，来调整和凝练专业特色和方向。另一方面还应该充分调研、掌握会展行业产业链各相关主体的实际人才需求和核心岗位的匹配能力，挖掘产业发展的内在需求。同时，这个过程还要兼顾考虑本科与高职在人才层次上的区别，避免同质化。

二是课程设置。根据行业调研的结论，通过需求分析后，及时更新本院系课程体系，将前沿领域的一些学科内容纳入会展课程体系，将一些不合时宜的课程移除。另外不同高校可以结合自身学科特色，与兄弟院系如计算机学院、公管学院等相关院系开展学科协同，利用选修课、双学士等形式开展资源共享。也可以借助网络课堂、慕课等线上渠道丰富学生的知识储备。增加实践课程、外聘课程的比例，例如可以从企业聘请技术骨干，发挥他们在生产组织管理、产品研发等方面的实践优势，同时与学校建立密切的联络机制。例如天津商业大学会展专业目前正在推动的"四知五能三课堂"就是在这方面的一些尝试。要强调的是，各种形式的课程管理均要一视同仁，坚决不能走形式，要真正作为丰富学生知识结构的措施。

三是教学策略。这是践行产生导向教育的关键环节，会展学科的强应用性决定了在教学策略上有极大的发挥空间。首先是混合式教学，[2]近年来经过探索和实践，发现传统的线下课堂与新兴的线上网络学习相结合的混合式教学模式能够很好地弥补它们各自的缺陷，达到 1+1>2 的惊人效果，考虑双线会展的发展趋势，可以在多方面开展一些积极尝试。其次是产教融合，包含展会策划实训比赛、校园自办展实训、企业顶岗实习等实践课程，特别是顶岗实习模式，可以以试点的形式，鼓励有条件的高校与大型的会展平台或者展馆运营单位签订合作协议，学生可以见习实习等形式真正参与完整的会展活动组织全流程，增加岗位认知和对行业了解。整个过程校方要加强

---

① 参见全国旅游职业教育教学指导委员会：《会展行业人才需求与职业院校专业设置匹配分析》，《中国职业技术教育》，2020 年第 29 期。

② 参见许欣：《高校会展人才培养混合式教学研究》，《商展经济》，2021 年第 9 期。

管理,强调教学效果,将见习实习和课堂教学一视同仁。现有的很多实习效果泛泛,究其原因是与校内教学体系结合不够,且过于形式化。另外,对于会展专业教学,可以强化小组教学的理念,在课堂讨论、实验项目、校外实践等任务中均以小组为单位参加,在考试、评价等环节也可以将小组视为一个整体。

四是结果评价。产生导向教育强调结果评价,将评价结果作为下一轮迭代的主要依据。目前常规的会展教学效果评价更多是局限于学生学分、教师评教等。在产生导向教育引导下,要将评价的维度进一步拓展,特别是要将校外评价如合作办学单位的评价、会展活动的效果评价纳入评价体系,并在权重上予以强化。

最后就是持续改进。这种改进的和新要求是快速响应,甚至每学期都可以做一次评估和调整。

作者简介:刘红霞,女,博士,天津商业大学公共管理学院讲师。

产出导向教育理论与高校五育并举内涵式发展

胡 莹

教育质量的提高离不开管理体系的支撑,培养一流人才、建设一流本科教育,离不开一流教学管理和质量保障机制,一流的教学管理必须明确教学管理内涵,转变教学管理观念,创新教学管理标准,构建教学质量保证体系。如何在现有管理模式上进行创新和升级,建立与一流本科相适应的一流教学管理是各大高校必须要面对的问题。引进产出导向教育(OBE)教学理论后,高校教育质量考察的是教育教学活动的最终产出成果是否达到人才培养预期。国内高等教育发展的成果要满足各行业对高素质专业人才的需求,还要满足社会文化传承、知识和技术创新等方面多样化的人才需求。毕业生是否取得了这些成果,教学质量是否一流要依靠有效的标准来评价与判断。现有的评价标准通常在人才培养方案与毕业要求的描述中体现,具体规划到专业课程教学目标上。但对于国内高等教育来说,目前产出导向教育理论的实践显然容易变成过于实用性的教学手段。因此将五育教育注入人才培养过程,强调人文教育的重要性,是促进高校实现一流教学质量、获得一流教学成果,实现我国高等教育内涵式发展的充分必要条件,五育并举的教育方针对于基于产出导向教育理论框架下的人才培养模式起到导航作用。

一、产出导向教育理论提出"学生为中心"与实施五育并举的关系

"学生为中心"的理念是把教师输出知识为主的模式转向学生自主学习

的模式。"学生为中心"比较容易满足个性化教育需求,能够科学地培养符合现代社会需要的专业人才。产出导向教育的目标要求学生既要有能力解决已有固定答案的问题,更要将能力提高到解决开放性问题的水平,需要学生具备更全面的综合素质,以适应社会生活发展环境变化。产出导向教育的教学过程要求学生积极参与完成具有挑战性的任务,体验较复杂的学习过程,例如案例讨论、项目策划、开展研究和报告展示等,鼓励学生达到高峰表现,是一种非常高效的教学理论方案。

当前在教学方面提倡的产出导向教育偏重于教学方式的改革改良,产出导向教育理论与五育教育的结合并不紧密,导致各方面的教育在课堂内外两层皮,在繁重的学业压力下和局限性的校园圈子内,学习过程缺乏植根于五育并举的全方位自我体验,尤其是劳动教育十分匮乏,产出导向教育教学的最后成果仅体现在试卷和毕业论文上,而以成绩为检验手段容易造成唯分数论、唯毕业论,学生无法习得自主学习和自我管理的能力,导致毕业即失业的情况。

针对以上问题,必须意识到学生的能力成长包括学习能力的成长、知识的增长、体魄的强健、审美水平和生活技能的提高等。由于学生存在不同的学习特点,学生的知识能力、心智水平、班级规模、学风纪律、学业压力等同样影响着教学过程及学习效果。因此,一方面要精心设置培养方案和课程结构,选取优质教材和教学手段去提升学生的智力水平,以保证知识体系的充分必要。另一方面要将知识文化、艺术审美、劳动实践等融合一体去启迪学生智慧和心智,因地制宜培养学生自主探索、自发创造、自我管理的良好习惯,尤为重要的是要提升学生创新实践能力和社会适应能力。

二、产出导向教育理论提出"成果导向"与五育并举的具体关联

产出导向教育的理念强调教学要以成果为导向,"成果"不仅是指学生通过课堂传授所知道或了解的表面知识内容,还应包括学生在现实环境中的实际应用能力,以及人在成长过程中形成的价值观或情感要素等。高等教育

的最终成果不是学习的一时表现,而应是内化到学生心灵深处的过程经历,领悟到的精神内涵。"成果导向"包括四个层面的问题,即为学生制定的目标成果是什么? 为什么要让学生取得这样的学习成果? 如何有效地帮助学生取得目标成果? 如何评价学生已取得了既定的目标成果? 第一和第二个问题是人才培养方案要解决的问题,即制定什么样的目标,为什么要制定这样的目标。第三个问题是课程实施的方法论问题,第四个问题则涉及课程目标和质量评价。①通过对培养方案、课程设计、评价体系的分析,我们从起点到目标对四个问题予以解答。

人才培养方案明确了学习目标和预期达到的成果, 所设计的目标就是"教与学"的最终成果,最终成果也是目标设计的起点。人才培养方案的设计围绕过去的"德、智、体"三个方面拓展到现在的"德、智、体、美、劳"五方面,表明了大学生教育对学生素质教育的重要调整。如今, 人才培养方案及课程设置上突出五育并举的目标内容,赋予了专业课程以有机内涵。以天津商业大学会展与经济管理专业为例,针对学生毕业要求,培养方案中明确了人才培养目标,"本专业立足京津冀、面向全国,培养德、智、体、美、劳全面发展,系统掌握会展经济与管理的基本理论与知识……能从事会展创意策划与组织管理工作的复合型高级应用人才。五年以上的毕业生应到达良好的职业道德和职业精神,有服务社会的意愿和能力;能独立胜任展览会、会议、节事活动、赛事等方面的策划、商务谈判、项目运营等生产实践或教学科研等工作;能够在项目团队中担任组织管理角色;具有宽阔的国际视野,具备自我发展和终身学习的习惯和能力, 能够主动适应职业环境变化和发展"。在2018年会展专业人才培养方案中,教学成果定位仅止于"德、智、体"三方面;如今,美育和劳育的重要性也逐渐被重视起来,这是由人才培养目标和社会发展需求所决定的,只有五育并举才能推动人才的全面发展。

与培养目标搭配的课程如何有效地帮助学生取得目标成果涉及课程设计和实践延展。目前高等教育的精力还集中在专业课程传授上,普遍而言,体育、艺术和劳动课程占比较小,教学着重提高学生个人价值而社会贡献价

---

① 参见毛广湘:《基于 OBE 理念的人才培养方案编制》,《大学》,2021 年第 25 期。

值并不突出,实习实践存在一定难度,评价系统尚不够完善。尤其是劳动教育不仅在课程中缺失,在校园内劳动文化塑造也十分缺失。因此,除在课堂中强调德、智、体、美、劳全面发展的重要性,还应当增加现实情景中的实践和锻炼,让学生对五育并举模式形成充分的自我体验。为解决此类问题,有的学校为配合现有的培养方案,明确划分了课程范围,形成课程模块体系,对学生应涉猎的课程做出相应的学分规划要求,从教学管理手段上推动在校生根据自身情况科学合理地配比学习内容,参与社会实践。以会展专业为例,目前学生要掌握的模块涉及德、智、体、美几个方面,在基础课程、专业课之外,学生还需修习思政、体卫、美学相关课程,如中国近代史纲要、书法、审美文化概论、会展礼仪等,至少选修 2 学分美育类课程才符合毕业要求;实践类课程包括创新创业训练工作坊、专业实习和社会实践活动等,增加与现实情境的接触。在竞争激烈的就业环境下,加强劳动课程的设计,强化学生的劳动意识非常重要,像大学生创新创业训练计划项目恰好可以作为五育并举教育的有利阵地,锻炼学生的创造性思维、综合分析信息的能力、组织策划能力,为展现学生德、智、体、美、劳综合素质提供很好的舞台。

教学评价的目的是为了检视学生是否已经达到了质量标准,以往我们对学生的要求仅限于德、智、体三方面时,学校注重的是对课程体系或对教师教学能力的评价,鲜有明确的指标就学生五育教育成果进行评价。由现存课程导向的育人质量评测仍偏重在专业能力方面,而体育、美育、劳育三方面的描述并不明显。另外,传统教育的成绩测评容易造成学生等级区别,学生在获得目标成果过程中少有科学系统评价自我效能的机会。其实对育人成果的评价应是多维度的,应该设置学校—家庭—社会三位一体的评价机制。学校可以设计学生自评机制,设计五育评价规则与计算方法,将能够体现学生为了完成成果目标而与之具备的状态与能力作为主要评价指标,让学生根据自身学习和生活的效能感,结合真实的学习经验和取得的相关成果,谨遵每项指标去度量个人或团队的阶段性成果,综合得出学生在完成目标时的产出效果数据,进而为教学方面的持续改进提供参考依据。近些年,会展经济与管理专业提出了本科毕业生应达到的十个方面的知识、能力和素质要求,其中要求毕业生必须"具有人文素养和科学精神,拥有健康身心、职业道德及社会责任,了解国情、社会和时代发展……具有终身学习意识和自我管理、自主学习能力,能够适应社会变化和发展提升职业能力。"这些要求间接地对学生的自我效能提出了标准,但如何更具体地测量学生是否形成和具备了这些专业素养和人文素养,是否到达了五育并举是需要进一步思考和设计的。

三、产出导向教育理论的"持续改进"机制与五育并举教育协调一致

五育教育贯穿于整个大学教育全过程,为达成学生德、智、体、美、劳的全方面发展的目标也可以遵循产出导向教育理念持续推进。产出导向教育理念强调建立"评价—反馈—改进"循环往复的持续改进机制,在教学过程中穿插五育教育的内容,也可以遵循"评价—反馈—改进"的方式循环提升学生素养。要在方式方法上积极探索,如持续改进教学过程管理手段、引进来自家庭和社会的反馈数据完善评价体系,增加团队学习活动激励机制等,通过建立各种长效机制将教育质量要求落实到人才培养和教育教学的主要环节中去。加大大学生创新创业类项目的投入,面向人才培养目标开放校企合作的创新创业平台,与社会单位建立实习实践基地,使教学兼顾生活的重要内容和技能,让知识的沉淀更为扎实,能力水平更加持久,长期而广泛实践后获得的成果更具影响力和存续价值。当学习成果更加接近"学生真实学习经验"时,可以激发出学生自省、自律和自学的内在自驱力。学校要鼓励以学生为主体的形式去推动和谐校园建设,发挥优秀校园文化的育人作用,增强学生的爱国情怀和道德修养;积极引导学生参与体育文卫竞赛,鼓励学生开展社区文艺汇演或劳动志愿服务,通过学生不断地对现有校园文化体系和社会热点问题的反思,对作为公民的自身义务、责任和可能发挥的作用进行自我认识、自我反思和自我创建,从而实现以内部动力推动五育建设持续不断的改进。

四、结论

高校的五育教育应与"学生中心、成果导向、持续改进"的教学运行体系和保障机制并行不悖。要以科学管理提升高等教育办学质量和发展水平，让学生忙起来，让教学活起来，让管理严起来。尽管产出导向教育理论对教学效率有高效的促进作用，但仍然要兼顾教育的公平性和包容性，甩掉学习的功利性，在教育过程中通过五育的人文性沁润学生的灵魂，促进高校教育内涵式发展。

作者简介：胡莹，女，硕士，天津商业大学公共管理学院助理研究员。

大学生创新创业训练计划与五育并举育人模式

胡 莹

《中共中央国务院关于深化教育教学改革全面提高义务教育质量的意见》在突出德育实效、提升智育水平、强化体育锻炼、增强美育熏陶、加强劳动教育等方面提出了有针对性的举措,号召高校着力构建德、智、体、美、劳全面培养的教育体系。①习近平总书记在清华大学110周年校庆前夕考察时的重要讲话中明确提出高校立德树人的根本任务,提出"坚持德智体美劳全面发展","美术、艺术、科学、技术相辅相成、相互促进、相得益彰"②,指出了"五育"全面发展的未来之路。"五育"是指由德、智、体、美、劳五部分构成的有机总体,"五育"的融合发展需要循序渐进地建立起滋养和提升"五育"机能,保障"五育"正确运行的完整"生态系统"。

近几年,高校通过实施大学生创新创业训练计划,搭建校企联合创新创业平台,循序渐进营造校园创业实践生态,促进高校提高人才培养质量,改革人才培养模式,强化学生动手实践能力,增强高校学生的创新创业能力和就业竞争力。大学生创新创业教育实践建立在以教材为范本、学科为分类、标准化评价体系的模式上。大创项目的种类和选题与五育并举的精神内涵紧密结合,可以充分体现出学生德、智、体、美、劳的综合素养。学生设计的大创项目具有很强的社会责任感,项目的最终成果具有服务社会的功能,学生

---

① 参见《中共中央国务院关于深化教育教学改革全面提高义务教育质量的意见》,新华社,https://www.gov.cn/xinwon/2019_07/08/content_5407361.htm。

② 参见《德智体美劳全面发展,总书记这样说》,求是网,http://baijiahao.baidu.com/s? Id=1711472578420214044&wfr=spider&for=pc。

积极参与到社会奉献中,帮助到更多的社会群体,在五育并举的导向下,项目意义更具有人文内涵,而不至于变得功利。为了培养学生的创新创造能力,高校有意识地在教学过程中提高大学生创新创业实践活动质量,将现代化学科知识与社会需求连接起来,学生可将课堂知识得到有益的输出和检验,学生的德、智、体、美、劳教育成果得到全面展示。

一、大学生创新创业项目既有涵盖五育内涵的学科基础,也建立了五育教育的任务目标,是实践五育并举的最佳平台

大学生创新创业项目计划被纳入高校人才培养方案和专业教学计划的同时,各学校也相应设置了创新创业选修课程,学生可以系统地学习到与创新创业有关的项目策划、企业管理、风险投资等知识内容。大创项目研究的理论基础来源于专业学科知识,各学科核心素养本身蕴含了五育的特征,综合融通了五育的教育内容,学科核心素养即是人才培养价值的集中体现。大创项目承载着五育的内容,学生通过实践项目不仅仅是在追求知识技能的外在应用,还在真实情境和实践过程中进一步明确优秀学生应达到的必备品格和专业核心素养,在项目进行的过程中对知识与技能、方法与态度、情感和价值观进行了多轮整合。如果脱离了五育教育,便偏离了全面发展的人的价值指挥,换言之,通过大创相关课程教学与实践,涵养学生的学科素质是培养创新型人才和实现五育并举的必经之路。

大学生创新创业项目以学生为主体、导师为引领的原则,选题多数会基于本专业学科研究方向,也有很多学生研究的领域已经拓展到本专业之外,呈现出德、智、体、美、劳百花齐放的态势。从项目的成果上可以看出学生对专业的聚焦和探索,对社会问题的关心与参与,展示出当代大学生知识技能、文化艺术、思想品德的综合素养。以公共管理学院的大创项目来看,例如,"星启音乐文化工作室",基于当下国内音乐文化发展趋势,致力于构建集音乐制作、音乐文化、艺术分享、音乐会展四位一体的大学生音乐文化新生态。通过新媒体运营的推广模式,旨在为更多的年轻人提供音乐服务的同时,推动校园音乐文化传播,打造良好的校园音乐生态,涉及业务包括原创

歌曲制作、新媒体歌曲推广、乐器教学以及承办校园音乐节和举办校园音乐人交流会等。目前,工作室已入驻校内创新创业空间以及校外企业孵化园,并实现可观的盈利。

"疫情期间应对重大突发公共卫生事件"项目通过实地考察、问卷调查、深度访谈等研究方法,分析了当前我国在应对重大突发公共卫生事件时存在哪些社区资源汇聚机制,以及这些机制的效率和所存在的问题。在文献分析和调查研究的基础上,提出协调、系统的社区资源汇聚运作机制组合,以期为后疫情时代加强社区建设以及未来更加高效地应对公共卫生突发事件创造可持续性的条件,项目成果有望在社区层面推动我国重大突发公共卫生治理体系,以及治理能力现代化。

"反哺惠农——校园平台解决在校困难生的家庭农副产品销路"创业项目,充分利用高校师资,组建大学生创新创业团队,以校园为基地,搭建"反哺惠农"平台,直接参与市场营销,以扶困助农为社会目标,用所得盈余扶持弱势群体,以求创造出更多的社会价值。通过培养在校贫困生的创新创业能力,建立以校园为中心的多级平台,助力其家庭农副产品的销售,帮助困难生靠自己的力量完成学业并自主创业,实现反哺家庭、反哺社会,真正践行高校实践育人助人的宗旨。

结合"五育并举"的教育方针,参与大创项目的学生可依靠大创课程和大创项目,将德、智、体、美、劳全面发展在内容层面的总体规定,落实到具体实施层面,从而落实高校立德树人的根本任务,对发展素质教育具有重要的育人价值。

二、大学生创新创业项目为五育并举提供了现实环境,打造了浸润式的育人模式

现有的教学模式偏重知识技能的记诵与训练,而轻视内在的思考方式和文化属性,重"工具"轻"人文",学生忽视思维能力和人文素质的培养,导致行为模式功利化,过多追求模仿和照搬照抄,普遍缺乏独立思考和价值判断,缺少创新精神和主动意识。对于大学生而言知识与技能的培养只是单一

的训练,而面对现实社会风险挑战靠的是情感意志等综合人文素养,融汇了五育内涵的教育能使人的精神、知识与技能协调统一,增强学生的意志品质,使学生的人生观、世界观、价值观得到升华,通过人文精神和知识素养的丰富,提高学生精神世界的饱满度与整合性,小则解决学生心理问题和生存压力,大则促进人类社会和谐发展与对生命意义高度的追求。由于课堂教育缺少应用场景,学生缺少切身体会和动手能力的培养,大学生创新创业计划项目无疑提供了实践机会弥补了课程教学的欠缺,将课堂内外充分结合起来,将知识体系和社会实践联系起来。大学生创新创业项目训练提供了五育并举的浸润式育人模式,锻炼学生科学地认识和分析复杂社会现象的能力,增强学习感受和生活体验。

朱宁波、王志勇在《论指向"五育融合"的学科教学》中指出:"美育教育的任务在于引导学生认识美、感受美、创造美,树立正确的审美价值观,陶冶高尚的情操,提升学生创新创意表达能力,现实校园中美术音乐学科的教育更偏重于艺术技能技巧的表达与训练,浅表化的教学思维方式,在追求教育GDP知识技能和分数的同时,牺牲了教学的涵养和发展性品质。"[1]把"五育并举"的育人模式运用在大学生创新创业项目中,可以引导学生从"厌学"到"好学",从"单一"的学习到"综合"的学习,让理论学习到与动手实践相结合,在综合素质教育中引导学生求真、向善和致美,使其精神世界不断丰富,促进其和谐发展,不断适应现代社会发展的需要。如学生大创项目"地方传统曲艺的生存状态调研及其现代化发展对策研究——以天津时调为例",就突出体现出美育教育在育人方面的具体成果。此项目以天津时调为研究对象,首先采用走访调研方法,从"传承人—传播效果"的二维角度,调研天津时调的生存状态;按照"实践—理论—实践"的路径提出天津时调现代化发展的对策建议,以服务天津经济社会发展。项目研究小组通过实地调研、数据调研及结构化访谈,提出天津时调的现代化发展对策,并撰写项目研究报告《天津时调的生存状态及其现代化发展对策》。

---

① 朱宁波、王志勇:《论指向"五育融合"的学科教学》,《当代教育科学》,2021年第12期。

三、大学生创新创业项目是实践五育并举的重要环节,通过劳动实践对五育成果进行评价和验证

在大创项目过程中,学生自觉对任务目标展开思索,对结果形成了明确的观点和认识。学生通过创新创业项目检视自己的认知和假设,在过程中设计和调整预期,在理想和现实的对撞中认识世界,习得经验,树立价值观,得到成长。某些学生在设计目标时,会采用到 smart 评价体系,对项目前景或进展做出预估。维金斯指出:"真实性评价是学生运用自己所学的知识和掌握的技能解决生活中的与现实情境相似的真实性任务,以便通过自己的创造性活动培养展示和证明自己的知识,以及解决问题过程中的策略。"[1]真实性评价不同于标准化评价体系,它是一种整体性、生活性的评价理念,注重的是学生在面对生活实践和探索问题情境时,能够有效地整合知识与解决问题的能力。基于此,若能够在大创项目评估中增加对学生德、智、体、美、劳发展状况的真实性自我测评,将会产生不一样的效果和意义。

大学生创新创业项目现存的问题是在项目启动前期缺乏五育指标的框架,在结项时缺少评价系统分析五育指标数据,学生仅将视线聚焦在如何得到项目结果上,缺乏自我评价和社会反馈。如果能引入真实性评价或综合素质评价将可以改善现存的问题,会更全面和充分彰显学生的素质水平及大创项目的价值。在大创项目评估时,综合素质评价体系可以学生成长记录为基础,通过数据记录去客观描述学生在校期间的学习行为和成果、日常表现和贡献、参与的社会公益活动、劳动实践活动情境等,从德、智、体、美、劳多方面对学生综合素质进行分析和评价,发现和培育学生优良的个性,推进学生全面发展的过程。

---

① Wiggins G.A,True Test:Toward More Authentic and Equitable Assessment [J],*Phi Delta Kappan*,1989,50(20):703-713.

四、结论

高校的人才培养目标不仅包含完整而又个性的育人内容，还包括指向生活实践的育人理想。高校的学科教学不能仅仅停留于各种学科内容浅层层面，还要将五育并举内涵建设贯穿于教学实践中。五育并举的育人模式应该是源于生活、为了生活、创造生活，五育并举培养下的学生应该不仅能够探索并解决日常生活中的问题，还要立志肩负起学术科研、国家发展乃至人类社会进步的重任。高校应努力营造大学生创新创业的人文环境，让学生自然浸润在五育并举的人才培养体系中。

作者简介：胡莹，女，硕士，天津商业大学公共管理学院助理研究员。

"三全育人"背景下本科生导师制人才培养模式探究

——以公共事业管理专业为例

刘澎涛

随着新时代教育教学改革的推进，越来越多的高校开始探索实施本科生导师制人才培养模式。本科生导师制，区别于传统的本科生教育模式，其基于"三全育人"理念，将专业教育和思想政治教育统一起来，以学生为中心，强调专任教师的育人作用，发挥专任教师的专业性和创造性，注重学生个性化培养和分层施教，锻炼学生的创新思维与实践能力，实现全员育人、全过程育人、全方位育人，培养具有较强社会适应能力和竞争能力的高素质应用型人才。

一、实施本科生导师制的意义

习近平总书记在全国高校思想政治工作会议上强调："高校思想政治工作关系高校培养什么样的人、如何培养人以及为谁培养人这个根本问题。要坚持把立德树人作为中心环节，把思想政治工作贯穿教育教学全过程，实现全程育人、全方位育人，努力开创我国高等教育事业发展新局面。"[①]本科生导师制是落实立德树人根本任务，切实提高本科生的教育教学质量，推进全员、全过程、全方位育人，构建高水平创新人才培养体系，加快推进一流本科

---

① 《习近平在全国高校思想政治工作会议上强调：把思想政治工作贯穿教育教学全过程开创我国高等教育事业发展新局面》，《人民日报》，2016年12月9日。

教育建设,促进学生知识、能力、素质协调发展的重要举措。①

本科生导师制的实施:第一,对于加强育人功能,促进学生全面发展有重要作用。第二,对于因材施教,提高大学生的综合素质和创新能力有重要作用。第三,对于完善学生管理体制,提高大学生的自我管理能力有重要作用。第四,对于实现教学相长,实现师资队伍的自我优化有重要作用。

二、实施本科生导师制的机制与路径

(一)做好本科生导师的选拔与遴选

本科生导师的选拔与遴选工作应由各教师党支部组织。应选拔政治觉悟高、思想素质好、业务能力强,具有较强工作责任心的教师担任。要热爱社会主义教育事业和教学工作,有理想信念、有道德情操、有扎实知识、有仁爱之心,能够引导学生好学、勤学、善学。要拥有较高水平的专业知识、较丰富的教学经验,以及一定的科研能力。要熟悉学校有关教学的各项规章制度,熟悉学院相关学科的人才培养方案,熟悉各教学环节的互相关系及全部培养过程,了解专业建设与学科发展的态势。

(二)完成本科生导师与学生的双选

各教师党支部应在二年级本科学生入学前确定本科生导师的名单,在学生入学两周内进行双选,完成师生匹配。一个月内组织完成本科生导师与学生的第一次见面会,各导师与本组学生深入沟通,明确培养目标、制定学生成长成才措施、确定定期交流机制。

(三)明确本科生导师的工作职责

本科生导师的工作职责主要包括:(1)思想引领。本科生导师要注重加强对学生思想状况、意识形态、价值观念的引导,发挥课堂教学主渠道作用,

---

① 参见石志成、侯宝龙、耿广汉:《三全育人"视域下本科生导师制的实践探索——以 M 校为例》,《西昌学院学报》,2020 年第 32 期。

加强对大学生的理想信念教育，培养德智体美劳全面发展的社会主义建设者和接班人。

（2）学术引导。本科生导师应帮助学生制定合理的学业规划，做好学术引导，指导学生完成毕业论文（设计），鼓励学生尽早明确未来发展目标和发展路径。

（3）专业辅导。本科生导师应激发学生对学科、专业的兴趣，为学业困难的学生制定个性化帮扶方案，帮助学生端正学习态度，改进学习方法。

（4）生活指导。本科生导师要摸清本组学生情况，实施"一生一策"帮扶，做好代理家长的角色定位，为学生解决学习、工作、生活中实际存在的困难。

（5）心理疏导。本科生导师要加强与学生的沟通联系，深入了解学生诉求，做好学生心理疏导，及时处理突发情况，确保学生心理健康。

（6）就业创业指导。跟踪学生就业状况及思想动态，加强对学生就业、考研、考公务员等就业环节的指导帮助，指导学生参加创新创业竞赛、专业比赛等活动，增强学生的就业能力、创新精神、创业能力。[①]

（四）规范本科生导师制工作方式

本科生导师要遵循个别指导和集体指导相结合的原则，考虑学生个性，制定个性化指导方案。可通过当面指导或微信、QQ群、电话等线上线下多种方式，每月完成1小时以上的学业咨询和指导工作，每学期组织开展2次以上线下活动，比如：讲座、读书会、座谈会等集体交流活动，或调研、考察、参观等实践类活动。本科生导师在工作开展中，应与学生管理人员、教务管理人员保持联动，及时反馈学生在思想、学业、心理等方面的问题。鼓励本科生导师联合开展学科交叉、信息互补的学业指导活动。加强导师间沟通机制。通过教研活动、经验分享会、技能培训等，及时沟通本科生导师制实施过程中出现的问题，集思广益，总结经验与不足，确保本科生导师制顺利实施。

---

① 参见谢应东：《本科生导师制的实践和探索》，《广东外语外贸大学学报》，2007年第18期。

(五)建立本科生导师跟踪反馈及考核奖励机制

通过定期收集导师制工作指导记录表,召开导师制实施反馈座谈会,建立师生交流在线平台,跟踪本科生导师制实施情况,及时加强对本科生导师制的实施进行反馈与干预,使本科生导师制形成闭环控制系统,不断提高育人效果。学院(或系)每年要对本科生导师工作进行考核,表现突出导师给予表彰和奖励,不合导师取消导师资格。

三、实施本科生导师制的实践研究——以公共事业管理专业为例

(一)落实岗位指引,落实全员育人

二年级本科生进入公共事业管理专业后,在公共事业管理系党支部的领导与组织下,支部专任教师担任本科生导师,全面负责学生的培养。同时对接一名辅导员,辅导员作为生活导师,聚焦学生学习生活日常,密切关注学生生活问题、心理动态;邀请企事业单位校友担任企业导师,与学业导师共同指导学生做好就业创业、考研、公务员事业编考试等。

(二)加强统筹协调,落实全过程育人

公共事业管理系党支部积极构建分阶段、有重点的本科生导师制全程育人体系。二年级本科生进入公共事业管理专业前,党支部组织确定本科生导师名单,深入了解学生大一期间思想、学习、生活状况,在学生入学两周内完成师生匹配,一个月内组织召开见面会;大二大三阶段,强调本科生导师在学生培养中的主导作用,注重因材施教,提高学生自主学习能力,培养具有创新精神和实践能力的高素质人才;大四阶段,侧重学生毕业实习、就业创业教育,本科生导师和企业导师从就业创业观培育、职业道德、职业技能、就业创业能力等方面假期对学生的培养。

(三)强化组织保障,落实全方位育人

公共事业管理系党支部着力强化组织保障,从思想引领、学术引导、专业辅导、生活指导、心理疏导、就业创业指导六个方面加强对学生的教育,为学生成长成才护航。深度推进课程思政改革,使专业课程与思想政治教育同向同行,形成协同效应;帮助学生制定合理的学业规划,做好学业指导和学业帮扶工作;引导学生对学科、专业形成基本客观的认识,激发学生对学科、专业的兴趣;为学业困难的学生制定个性化帮扶方案,帮助学生端正学习态度,改进学习方法;为学生开展早期科研和专业实践搭建平台,指导本科生参与科研项目、实习实训、学科竞赛、创新创业竞赛;发挥公共管理协会专业社团功能,开展公共管理素养大赛、公务员模拟大赛、公共演讲之星等品牌化学科技能大赛。①

四、总结

在"三全育人"背景下,本科生导师制被赋予了新的内涵,既是机遇,更是挑战。本科生导师制是深化本科人才培养模式改革、提高本科人才教育质量、提升本科创新人才培养能力、推动本科教育内涵式发展的重要举措,符合高等教育的基本规律,拓宽了教育改革和发展的新思路,实现了对学生思想政治教育与专业教育、知识学习与职业发展、课堂教育与实践活动、个性化成才目标和社会对人才需求的紧密结合,是落实"三全育人"的重要手段。首先,在实施过程中,要坚持党的全面领导,凝聚组织的力量,围绕立德树人根本任务,践行本科生导师制。其次,要发挥头雁效应,打造出党性强、师德优、能力强、协作好的本科生导师团队,教师要发挥先锋模范作用,形成良好的氛围。最后,要坚持以课程思政、学生课外思政为本科生导师制的重要抓

---

① 参见杨仁树:《本科生全程导师:内涵、运行模式和制度保障》,《中国高等教育》,2017年第6期。

手,贯穿学生学习生涯的全过程,筑牢理想信念根基,春风化雨,润物无声,提升学生综合素质。

作者简介:刘澎涛,男,硕士,天津商业大学公共管理学院组织员。

第二部分

课程与课程思政建设

以融合式教学促进一流课程建设*

赵银红

随着高校办学规模快速扩张，高等教育实现了从精英教育向大众教育的跨越式发展，进入了以提高教育教学质量为核心、注重内涵发展的新时代。作为人才培养的核心载体，课程是推动大学教育质量的"阿基米德支点"。[①]在此背景下，2019年10月，教育部出台《关于一流本科课程建设的实施意见》，实施"双万计划"，推动一流课程建设。研究、建设一流课程遂成为高等教育工作者关注的焦点，一流课程也逐步从理念倡导发展到建设落实，各高校相继建成一批国家级和省级一流课程。在一流课程建设中，融合式教学正在成为主流。[②]融合式教学，也称为混合式教学，对于其内涵，早先学者多强调"理论教学和实践教学的融合"，[③]近年来随着信息技术在教育领域的深刻渗透，大多学者开始从信息技术和教学融合的角度来界定，典型提法如："慕课与翻转课堂融合""翻转+对分"融合式教学、"基于云教学的混合教学""基于学习通平台的线上线下融合式教学"等。[④]也有学者认为融合式教学是对教学的目的、主体、内容、方式和评价进行多维系统融合的一种教学理念，其目的在于促进学生全面发展。[⑤]基于上述研究成果和自身课程建设

---

* 本文系天津市一流课程《社区管理理论与实践》课程建设的阶段性成果。

① 参见李枭鹰：《从高深知识到大学课程：一个学术性的生成过程》，《大学教育科学》，2018年第2期。

② 参见林忠钦、刘仲奎：《融合式教学如何健康发展》，《人民政协报》，2021年2月3日。

③ 刘拓、刘波：《电子课"融合式"教学法初探》，《电力高等教育》，1994年第S1期。

④ 参见刘淑艳、李玉、孙文献、欧师琪：《以融合式教学促进普通植物病理学一流课程建设》，《微生物学通报》，2021年11月网络首发。

⑤ 参见谢静、廖伟：《融合式教学及其实践策略》，《中国教师》，2020年第4期。

实践,笔者认为融合式教学不仅是一种教学理念,其重点在于,通过各种教学要素的有机融合,增强学生学习参与感和获得感,实现学生知识、能力、素质和教师教学质量的同步提升。作为高等教育的"新常态",融合式教学是打造一流课程的有效路径。

一、学生中心与教师主导融合,创新教学理念

理念的革新是促进教学改革,提高教学质量的首要任务。一直以来,在建构主义哲学观和杜威教育思想的深刻影响下,学生中心的教学理念备受推崇,一谈到创新教学理念,言必称"以学生为中心",似乎只有强调"学生中心",才能突显教学理念的先进性和科学性。在实际教学中,"学生中心"确也成为许多高校教师尝试并践行的教学理念,甚至被看作我国高等教育发展模式的"重要战略转变"。[①]然而"学生中心"理念并未带来教学质量的真正提升,与其备受推崇形成巨大反差的是,多数大学生认为"学生中心"的教学打乱了知识的内在逻辑,重形式重过程,而对教学内容关注不够,以至于"教学效果难以保证",学生的学习获得感较差,觉得课堂上"没有太多收获""什么也没有学到"。[②]

之所以有如此巨大反差,表面上是对"学生中心"理念的推崇,认为这一理念先进、科学,似乎只有突出学生中心,老师才是好老师,学生才会积极参与课堂,教学质量才会更高;深层原因则在于对"学生中心"理念的误解乃至错误应用。杜威赞同和倡导学生中心,但杜威并不否认教师的作用,他强调教师的角色,认为教师是"真正上帝的代言人,真正天国的引路人","教育过程是一个教师与学生共同参与以及真正合作的过程,是师生共同创造教育经验的过程"。可见,教师中心和学生中心并不是非此即彼的对立关系,二者应是合作的关系。

---

① 参见李培根:《以学生为中心的教育:一个重要的战略转变》,《中国高等教育》,2011 年第13、14 期。

② 参见周序、张春莉、王玉梅:《"学生中心":一种被给予的观念——基于高校师生的诉说》《现代大学教育》,2021 年第 4 期。

一流课程建设需以完善的教学理念为指导，为此应注重学生中心和教师主导的融合。一方面，重新评估"学生中心"理念的价值。"学生中心"的本意在于调动学生的学习积极性，促进学生的课堂参与度，增强学生的学习获得感，切实贯彻这一理念，不仅需要教师灵活运用讨论、分享、探究等教学方式，更需要勤奋好学的学生、充足的教学时长、适宜的班级规模，但环顾当下的大学课堂，要实现这一点较为困难，因此，应理性对待，灵活运用"学生中心"理念，切不可将其当成一个神话，当成一种教条来执行。

另一方面，重新审视"教师主导"的意义。在教学中，教师主导也许听上去保守、落后，但不可否认的事实是，在高等教育中，教师主导课程讲授，过去是，现在是，将来也将是继续存在的教学方式，通过教师系统、详细的讲授，学生可以迅速了解知识的来龙去脉，理解知识要点之间的逻辑关联，掌握知识的本质内涵，在这个意义上，仍需强调"教师主导"，推动教师开展优质教学，研究证实，优质教学可影响教学感知，进而可促进学生深度学习，使学生获得更多成功的机会，[①]这同时也是一流课程的核心要义。

二、课程思政与专业知识融合，丰富教学内容

课程是育人的重要载体，应具有思想性，对此古今中外皆有相关论述，典型如宋代周敦颐提出"文以载道"，德国教育家第斯多惠强调"任何真正的教学莫不具有道德的力量"，赫尔巴特提出教学应培养"有道德的人"等。在2019 年出台的《关于一流本科课程建设的实施意见》中也提出，"推动课程思政的理念形成广泛共识，构建全员全程全方位育人大格局"，这赋予了一流课程深刻的思想内涵，也决定了思想性是中国特色一流课程的必然属性。[②]一流课程是建立在立德树人根本任务基础上的新时代高校精品课程，其思想性的内涵是指在课程建设中，坚持正确的育人方向，坚守立德树人的教育

---

① 参见吴艳云、田杰、谢少华：《"金课"的三种"镀金者"：形象描摹及其内涵解析——基于 16 位大学生的深度质性研究》，《高教探索》，2020 年第 10 期。

② 参见张红伟、蒋明霞、兰利琼：《一流课程建设的要义：思想性与学术性》，《中国大学教学》，2020 年第 12 期。

使命,培养新时代中国特色社会主义的合格建设者和可靠接班人。

体现一流课程的思想性,关键在于课程思政。课程思政是坚持社会主义办学方向的重要指针,根据 2020 年教育部印发的《高等学校课程思政建设指导纲要》,宏观层面上,课程思政已形成较为完善的顶层设计,既包括明确、具体的指导思想,也有清晰、全面的发展方向和建设思路。而在微观层面上,课程思政存在着"两张皮"现象,表现在课程思政未能有效融入课堂教学全过程,实现与专业课程的同向同行、协同发力,而这一点恰是课程思政建设中最核心的环节,是课程思政建设关键的"最后一公里"。

总体而言,课程思政如何融入课堂教学,实现与专业知识的有机融合,综观国内的既有研究和实践,目前并没有形成可以推广的教学模式,更多的还是要依靠一线教师的理论研究和实践探索。结合自身的课程建设经历,笔者认为,关键有三。

一是挖掘恰当的思政元素。课程思政中的"思政",内涵非常广泛,不仅包含宏观上的政治认同和家国情怀,也包括微观上的职业素养、道德伦理与心理健康,在一流课程建设中,推进课程思政,首当其冲的就是立足课程本身,找准思政内容与专业知识的契合点,挖掘恰当的思政元素。

二是明确课程思政融入的对象,即课堂教学全过程,不仅要融入教材、教学目标和教学大纲,还应贯穿课堂教学的各个环节,如课堂讲授、课堂互动、课堂作业、课程考核、实践教学等。

三是选择合适的融入方式。课程思政强调融入方式的"隐性化",注重"春风化雨、润物无声"的教学效果,为此应基于不同的思政元素,选取不同的方式,如重新设计教学环节、营造教学情境等。

总之,在一流课程建设中,应通过课程思政与专业授课内容的有机融合,展现丰富的教学内容,做到"守好一段渠,种好责任田",切实实现育人目的。

三、课堂讲授与问题探究融合,改革教学方法

传统教学以课堂讲授为主,注重知识的传授,教师在教学过程中居于主导地位,掌控教学活动的开展和教学节奏,这一方法利于进行某一门课的系

统教学,适用于理论色彩较为浓厚的课程,或是一些高级课程。许多教育家积极肯定了这一教学方法,如布鲁贝克认为,教授法一直是传递高等学问所采用的主要教学形式,其中最流行的形式是讲演法;杜威也提出课堂讲授是基本的事实,"讲课是刺激、指导儿童思维的场所和时间"①,通过讲授可"使学生的经验不断地向着专家已知的东西前进"②,由此肯定了这一教学形式存在的合理性。但不少人却认为课堂讲授呆板、落后,常见的批评理由有教师照本宣科、授课互动不足、课堂气氛沉闷,讲授甚至成为灌输、填鸭的同义词,似乎一提起讲授,就是在满堂灌输,就是填鸭式教学。这样的批判具有浓厚的情绪化色彩,感性有余,理性不足,缺乏科学的研究结论做支撑。③试想一下,如果教师讲得深入浅出、娓娓动听,学生听的茅塞顿开、闻一知十,学生还会认为这种方法落后吗? 也许最关键的原因并不在于讲授法是否落后,而在于讲授的技巧、技术是否高超。在这个意义上,应多关注授课技巧,使课堂讲授的优势得以充分发挥。

问题探究,又称"问题教学法",1969 年由 Barrows 教授首创,它基于建构主义学习理论,注重发挥学生的主动性,本质上是一种以学生为中心的教育方式。④这种教学方法以问题为导向设计教学环节。首先,教师精心凝练教学内容,学生融会贯通所学知识,为问题探究法的实施奠定基础。其次,紧密结合经济社会发展中的热点,精心创设既让学生感同身受、有所了解,但又一知半解、未知其详的问题场景,激发学生的参与兴趣。再次,组织学生对问题展开充分的交流、讨论或辩论。最后,由教师分析、总结问题间的关联,构建以问题探究为核心的教学内容思维导图,进而提升学生"发现问题—分析问题—解决问题—形成思想"的能力。

在教学活动中,不同的教学方法有不同的功能和作用,课堂讲授和问题探究各有利弊,在一流课程建设中,应适时融合二者,既注重课堂讲授,也注重问题探究,实现课程教学内容"知识形态"和"问题形态"的密切结合,使学

---

① ［美］约翰·杜威著:《民主主义与教育》,王承绪译,人民教育出版社,2021 年,第 213 页。
② 同上,第 200 页。
③ 参见周序、张盈盈:《论高校"课堂革命"的方向》,《高校教育管理》,2019 年第 6 期。
④ 参见佟晓丽、刘红、李纪周:《问题导向教学模式的探索与实践》,《科教导刊》,2019 年第 8 期。

生不仅学习，更知道如何学习，不仅能掌握知识，更能熟练运用知识。实证研究已证实，问题式学习对大学生的批判性思维技能和倾向具有促进作用。[①] 批判性思维是高阶思维的核心，而高阶性正是一流课程的重要内涵。

四、理论教学与实践教学融合，创新教学模式

杜威曾说，"最好的一种教学，牢牢记住学校教材和现实生活二者相互联系的必要性，使学生养成一种态度，习惯于寻找这两方面的接触点和相互的关系"[②]。在一流课程建设中，充分体现这种最佳教学的是理论教学和实践教学的融合。

首先，正确认识理论教学和实践教学的关系。一方面，理论教学离不开实践教学，脱离实践教学的理论教学，其所呈现的知识是死的知识，是破坏学生心智的沉重负担，是学生智力发展的巨大障碍。[③]另一方面，实践教学需要理论教学为其提供知识储备。通过理论教学，学生习得课程的基础知识，通过实践教学，学生在其营造的"引起思维的情境"中，结合所学知识，学会了知识的运用，真正学到了知识。总之，理论教学和实践教学共同构成一个整体的教学活动，二者相辅相成，实现知行合一。

其次，展开优质的理论教学。优质的理论教学展现了课程丰富的学术性，学术性恰契合了一流课程"两性一度"的基本特征。[④]主要包括两个层面，其一是教学内容体现卓越的"学科学术"。教学内容要及时关注学科的前沿动态、相关行业的发展动态、当下社会的现实情境，凸显课程内容的前沿性和时代性，具备一定的挑战度，让学生"跳一跳才能够得着"，实现教学与科研、理论与实践的有机结合。其二是课程体现高阶的"教学学术"，正如博耶所说，"与教室里的未来学者进行交流，通过教学传播知识也是一种学术"。

---

① 参见刘智、吴伟、姜倩：《问题式学习对大学生批判性思维的影响研究——基于国内外 31 项研究的元分析》，《高教探索》，2020 年第 3 期。

② ［美］约翰·杜威著：《民主主义与教育》，王承绪译，人民教育出版社，2021 年，第 178 页。

③ 参见［美］约翰·杜威著：《民主主义与教育》，王承绪译，人民教育出版社，2021 年，第 167 页。

④ 参见张红伟、蒋明霞、兰利琼：《一流课程建设的要义：思想性与学术性》，《中国大学教学》，2020 年第 12 期。

教学学术包含先进的教学理念、科学的教学方法、合理的课程评价三个层面。总之,教师应熟谙教与学的规律,借助自身对于教学学术的理解,通过优质教学呈现课程的先进性和互动性,推动学生学习的探究性和个性化。

再次,推动有效的实践教学。实践教学以问题探讨、深度体验、批判反思为基本特征①,教学空间的差异性和教学目标的多元性共同形塑了实践教学的不同形态,主要有课程实践教学、专业实践教学和社会实践教学三种。此处仅探讨某一门一流课程的实践教学。为此可根据课程建设的需求,采取多种形式,设置丰富的实践教学环节,如实验教学,多在理工科课程中设置,一般根据实验教学大纲,依托实验室进行;问题探究,适用于文科类、社科类专业的课程,因为本身这类课程实验教学的形式很少或几乎没有,教师可从实际生活中提炼出某一具体问题,提前布置,安排学生查阅相关资料,课堂上围绕该问题展开探究;考察体验,在教师指导下,依托相关的实践教学基地,学生通过实地体验、个性访谈、问卷调查等方式,增进对课堂中重难点问题的理解。

五、线下课堂与线上课堂融合,重塑教学时空

对学生学习而言,最有效果的教学是课堂经历。课堂教学是一流课程建设的主阵地。在一流课程建设中,一方面,线下课堂依然要发挥主导作用。对多数学生而言,学习的主要场所仍是课堂,课堂讲授依然是获得知识的重要途径,而且,多数学生比较注重课堂教学中的"亲师感受",对于"课堂倾听"有着更大的认同和接受。②于线下课堂而言,教学时空虽具有确定性,但教学时间刚性有余、灵活性不足,教学空间单一、缺乏层次性和立体感,由此制约了师生互动的展开和教学内容的呈现。

另一方面,数据驱动教学,线上课堂由"补充"上升为"主流"。信息技术的飞速发展,推动高校课程进入"数据驱动教学"的新阶段,线上教学随之兴

---

① 参见时伟:《论大学实践教学体系》,《高等教育研究》,2013 年第 7 期。

② 参见吕林海:《"深度学习"视域下的大学"金课"——历史逻辑、考量标准与实现路径之审思》,《高校教育管理》,2020 年第 1 期。

起,但在新冠肺炎疫情暴发之前,线上教学虽有长足发展,却仍然只是线下教学的"补充",并未撼动线下课堂的"主流地位"。疫情防控直接促使线上教学成为基本的教学方式,线上课堂一跃为"主流"。线上课堂是虚拟空间里的真实课堂,与线下课堂相比,其优势在于,促使泛在学习成为可能。由于教学时空弹性灵活,学生学习不再拘泥于某一特定的时间和空间,他们可以在无缝衔接的学习空间中随时、随地获取自己想要的学习资源,享受无处不在的学习服务;提升师生互动的广度和深度,借助各种辅助教学手机应用程序(APP),如云班课、雨课堂等,可以让更多的学生参与到课堂中来,如一些平时较内向的学生,缺少了当面表达的压力,在线上课堂他们可以自由发表自己的看法;促进教学内容的整体呈现。通过线上课堂,教师可将与授课内容相关的各种材料,通过教学 APP 得以展现,供学生参考学习。

线上线下双线融合教学,是高等教育未来教学的新形态。①对一流课程建设来说,自然也将融入这一时代背景,因此,应重塑教学时空,促进线下课堂与线上课堂的有机融合,为此应重点建立线上+线下课堂的联动机制,实现课程建设与信息技术的深度融合。主要包含三个环节:课前,通过线上平台了解学生对课程的认知,对教学方式、教学内容的需求;课中,及时了解学生对教学的反馈,适时调整内容、方法及节奏;课后,根据学生评价做好下次教学方式的改进和教学内容的完善。这种联动机制,利于师生之间展开充分、持续的互动,实现教学相长,为一流课程提供更多的建设空间,推动形成线下教学与线上教学"你中有我、我中有你"的交融,取线上之长,补线下之短,共同创新教育教学的生态,促进高质量教育的形成和教育公平的实现。

六、结语

建设一流课程是新时代高等教育质量提升的支撑点,也是落实立德树人根本任务的立足点。教育技术的变革、教学理念的更新、教学方式的创新,

---

① 参见朱德全、罗开文:《"双线融合教学":高等教育未来教学的新形态》,《现代教育管理》,2022 年第 2 期。

为融合式教学促进一流课程建设提供了较之以往更多的机遇，也取得了一定的成效,但仍存在较大的建设空间,总体来说,一流课程建设是个长期的、循序渐进的过程,不可能一蹴而就,仍需要教育主管部门、高校教师、在校学生的共同努力。

作者简介:赵银红,女,博士,天津商业大学公共管理学院副教授。

《社区建设与治理》课程中思政要素的挖掘研究

廖青虎　　刘迎良

习近平总书记在全国高校思想政治工作会议上指出:"要用好课堂教学这个主渠道,思想政治理论课要坚持在改进中加强,提升思想政治教育亲和力和针对性,满足学生成长发展需求和期待,其他各门课都要守好一段渠、种好责任田,使各类课程与思想政治理论课同向同行,形成协同效应。"[①]社区治理课程要以"培养怎样的社区治理者"这个根本的教育问题为导向,结合课程、专业以及学科的实际,挖掘课程所蕴含的思想政治教育要素,增强课程的育人功能,使之内化为学生的精神追求、外化为学生的自觉行动。

一、相关概念界定

(一)社区治理

作为基层社会治理的基本单元,"社区治理"成为学界研究和关注的重点,目前社区治理是指政府、居民、辖区企事业单位以及社会组织等基于公共利益和社区认同,以满足社区公共物品需求为目的开展的协调合作治理,它是治理理论在城市社区领域的实际运用,是社区多元主体对城市社区范围内公共事务所进行的治理。[②]基层治理是国家治理的基础和支撑,国家治理现代化重点在基层,难点也在基层。社区是基层治理体系的重要组成部

---

① 张烁:《把思想政治工作贯穿教育教学全过程　开创我国高等教育事业发展新局面》,《人民日报》,2016 年 12 月 9 日。

② 参见夏恩强:《南宁城市社区治理智能化建设研究》,《广西师范大学》,2021 年。

分,是社会建设和发展的基石。

(二)课程思政要素

"课程思政"是将"思政要素"与"课程"的知识体系完美结合。要在课程教授的基础上,对学生进行以思政理念为主的教育模式,融入思想政治与人生价值的要素。[①]

在了解了课程思政概念的基础上,对课程思政要素就不难理解,课程思政要素就是在课程思政实施的过程中, 所引入的能够达到个人价值的观念或思想,如爱国意识、诚信意识、工匠精神、职业素养等各个方面。[②]

社区治理课程作为公共管理专业的核心课程,结合该课程专业知识的特点,深入挖掘其中的思政要素,充分发挥社区治理课程的德育功能,使学生接受专业知识及技能培训的同时接受思政培育,提高学生思想道德素养,能够更好地培育出德才兼备的社会主义建设者。

二、《社区建设与治理》课程中思政要素挖掘的理论基础

(一)习近平新时代中国特色社会主义思想是根本基础

习近平新时代中国特色社会主义思想系统回答新时代坚持和发展什么样的中国特色社会主义、怎样坚持和发展中国特色社会主义这一重大课题。这一思想是引领思政要素融入社区治理课程展开的行动指南。同时,习近平总书记在参加思政理论教师座谈会上以高远的历史站位、深邃的战略眼光,深刻阐述了学校办好思政教育的重大意义, 提出了推动思政要素进课堂改革创新的明确要求,为推进思政教育建设提供了根本遵循。因此,将思政要素融入社区治理课程成为越来越迫切的任务。

---

① 参见李东坡:《"课程思政"建设中思政要素的挖掘与运用研究》,《高校辅导员》,2020 年第 4 期。
② 参见常飞:《思政要素融入中职学校数控车削典型零件加工课程的探索与实践》,《长春师范大学》,2021 年。

(二)中国化的社区治理理论推动思政要素融入《社区建设与治理》课程

新中国成立至今,我国社区治理的主体主要经历了单位—社会—社区三种基本形式,治理方式则按照统治—管理—治理的顺序进行演进。回顾每个过渡期,虽过程艰辛,但最终都算平稳度过,其关键要素就是由政党引领的从上至下的顶层设计。社会在转型时期,其自我调节的功能固然发挥了重要的作用,但中国共产党的领导在我国社区治理的过程中更是发挥了不可替代的作用,提高了社会转型的质量与效率。

中国共产党在社区治理中发挥着主导力量。"党居于国家与社会之上,通过对国家政权的驾驭,对社会的有效组织和整合,实现对城市社区秩序的建构和民主治理的发展。"实践证明,中国化的社区治理理论为思政要素融入社区治理课程提供了理论来源。同时,新时代党建与社区治理相结合的探索创新为思政要素融入社区治理课程提供了切实可行的支撑。党的十九大报告指出:党的基层组织是确保党的路线方针政策和决策部署贯彻落实的基础。要以提升组织力为重点,突出政治功能,把企业、农村、机关、学校、科研院所、街道社区、社会组织 等基层党组织建设成为宣传党的主张、贯彻党的决定、领导基层治理、团结动员群众、推动改革发展的坚强战斗堡垒。社区治理必定坚定地凸显社区党组织的核心作用,把社区党建工作主动融入社区治理之中,依托社区党组织政治引领来凝聚社区共识,在党建工作与社区治理相融合的过程中,通过创新治理载体,丰富治理手段,拓展治理渠道,形成治理合力,不断增强社区党组织的政治领导力、思想引领力、群众组织力、社会号召力,通过构建多层次的区域化党建平台和组织网络,完善社区事务的民主协商机制和社会协同机制, 广泛吸引和凝聚社会各方力量参与社区治理, 在服务居民群众中体现社区党建工作的价值, 在共建共治共享过程中,不断完善具有中国特色的社区善治体系。①

---

① 参见习近平:《决胜全面建设小康社会夺取新时代中国特色社会主义伟大胜利:在中国共产党第十九次全国代表大会上的报告》,人民出版社,2017 年,第 65 页。

三、《社区建设与治理》课程中思政要素挖掘的意义

第一,提高社会治理课程的教学深度。从传统角度而言,课堂是学生获得专业知识技能、教师因材施教的主要场所。因此,在社区治理课程中融入思政要素具有一定优势。一方面,将思政要素融入课堂可以通过教师充分发挥自身的魅力和优势,从而提高学生的道德水平。主要表现为教师的优良品格、知识体系和奉献精神。另一方面,社区治理的核心是多元参与治理。但就目前情况而言,存在我国社区居民认为社区治理"与我无关"的思想,这极不利于社区治理格局的形成。思政要素融入社区治理课程可以通过学生借助人际关系网络潜移默化地转化社区成员的这种错误思想,让他们知道自己是社区的主人,是社区治理主体中重要的组成部分。只有从观念上接受了居民是社区治理中的重要主体,他们才会真正以主人翁的姿态参与到社区治理活动中去。

第二,提高思政教育的针对性,将思政要素引入社区治理课程是题中之义。课堂教学与思政教育的互动实践表明,课堂教学在思想政治教育领域发挥不可替代的作用,发挥课堂优势是改善大学生思政教育工作和思想政治理论的有效途径。

四、社区治理课程中的思政要素的挖掘

思政要素包括思想政治教育的理论知识、价值理念以及精神追求等。新时代社区治理课程的创新点之一就是将思政要素融入课堂,构建全员、全程、全课程育人格局的形式将社区治理课程与思政教育同向同行,形成协同效应。把社区治理课程作为价值与学科科学连接的精神中介,把立德树人融入教书育人全过程,贯彻落实"立德树人"这一综合教育理念。"育人"先"育德",注重传道授业解惑、育人育才的有机统一。

无论从社区治理课程发展的总体特征来看,还是构成的主要要素,都蕴含着丰富的思政思想。社区治理课程与思政要素在实质内容和实现形式上

的契合性及互补性。社区治理包括的内容也十分庞杂，包括社区服务与照顾、社区安全与综合治理、社区公共卫生与环境建设、社区文化和精神文明建设、社区社会保障与社区福利等。不难看出，思政内容和社区治理的工作内容在很多方面是相契合的，如社会公德和家庭美德、公民法治观念和素养、和谐社会、社会文化建设、基层民主政治建设和党组织建设等。只不过这些实质上相同的内容因为存在于不同的领域而呈现出不同的形态。

在中国，基层党组织是社区公共权力的核心，是提升社区治理的主体力量。政党建设主要基于政治的逻辑，如何组织群众、宣传群众、凝聚群众和服务群众是政党建设的本质。这一政党逻辑与社区治理目标相契合。政党参与到社区治理中，主要体现在政党扮演什么角色、作用如何发挥、权力如何建构这三方面。因此社区治理课程社区治理课程中的社区党务服务、多元主体参与管理、社区文化与社区教育、基层自治能力建设、社区党组织建设等均离不开思政要素。

社区治理课程中的思政要素上应以政治认同、家国情怀、公民意识、法治观念、文化自信、人文素养、职业精神等为重点内容，根据社区治理课程发展的总体特征及主要要素规划并分类设计课程教学内容。作为一门社会学科，要始终坚持马克思主义的立场、观点和方法，注重政治导向，坚持政治立场，深化凸显社会主义意识形态功能等。在教学设计和方法上，教师应将教学目标细化成"知识、能力、价值"三个维度，并结合情境体验、互动讨论等多种教学方法将思政要素无痕地浸润到专业知识点中，确保教学目标的实现。

社区治理课程中思政要素的挖掘梳理，并非是要在课程知识传授中创造出什么新的事物、新的思想，或者对两个不同的客体进行嫁接，而是要在课程知识本身就蕴含的真理性中，梳理凝练出课程科学知识之外的价值基因和文化底蕴。这个基因与底蕴是伴随着课程知识的产生而产生、发展而发展的，只讲知识不谈精神、只说理论不查历史，只重分数不看素养，是在割裂教育内容本身的丰富性，这不符合社会主义大学教育的价值追求——时代新人的培育，着力于德智体美劳全面发展。因此，思政要素融入社区治理课程就应该是将思政要素和课程知识之间的内蕴动力和逻辑关联进行有机统一。

在这一过程中,只有深刻探析思政要素的本质内涵,从根本上破解思政要素与社会治理课程的"两层皮"问题,思政要素融入社会治理课程的价值诉求方可达成。

五、科学有效运用社区治理课程中的思政要素

挖掘思政要素的最终目的在于科学有效运用在课程中,进而提升社区治理课程的效果,科学有效地运用思政要素不在于数量上的积累,而在于对质量上的深入和契合,以使得学生能够在实际的教学中丰富学识,筑造品格,成长为全面发展的社会主义建设者和接班人。

(一)社区治理课程与思政要素的有效融合

在讲授社区治理课程时,将思政要素有机融入教学内容中,让学生在接受知识教育的过程中感受思想方面的力量,是发挥社会治理课程的关键,要通过运用好彰显本课程精神内核和价值引领的思政要素,真正把习近平新时代中国特色社会主义思想融入教材、转入课堂、化入教学,把马克思主义立场观点方法带入实践、引入实验、导入实际,让中国优秀传统文化、革命文化、社会主义先进文化进入学习过程、渗入学校生活、深入学生头脑,阐释好新时代中国道路、讲述好新时代中国故事、弘扬好新时代中国精神,教育引导学生牢固树立"四个自信",坚定理想信念、铸牢梦想信仰。

(二)提升教师对社区治理课程思政要素的教学综合能力

首先,教师必须提高自身专业素养。教师的知识结构、专业素养、科学研究对学生的影响很大,教师的理论水平、政治立场、人格魅力对学生的影响更大。

其次,课程教师既要不断提升专业水平和教学能力,又要提升教师思政建设的意识和能力,不断深入研究本课程的思政要素,精准吃透其中蕴含的思政理念和思政内容,科学把握其中凸显的思政价值和思政追求、积极践行其中主张的思政原则和思政要求。

最后,教师应加强课程的实践性,无论是教学、科研还是社会服务能力的提高,都应增强理论联系实际的学科能力,主动将思政课放在真实的社会实践中加以理解、应用,这样才能加深自身对思政理论的理解,也才能使思政课更具针对性和亲和力。

(三)加强对学生社区治理课程中思政教育的实践能力

学生通过对社区治理课程的思政教育后,教师应强化学生实践能力,应该通过参与社区实践活动增进对思想政治理论的学习理解和对现实社会的真实认知,将个体与整体、专业与社会联系起来思考,增强社会责任意识和个人发展能力。高校思政课要以课程实践教学的形式参与社区治理的各种活动,即要按照教学的要求和标准策划实施社区实践活动,思政课教师要强化社区志愿服务实践的系统指导,包括实践前强化意义指导、实践中注意过程安排、实践后注重总结和反思。

(四)形成动态的社区治理课程思政教育反馈机制

要推进"课程思政"建设,将契合课程特质的思政要素渗透到社区治理课程的目标设计、教学大纲修订、教材编审选用、教案课件编写各方面,融入课堂授课、教学研讨、实验实训、作业论文各环节,做好统筹规划和系统设计,确保学生在接受知识教育的过程中,感受到思政教育的存在和价值引领的力量。

这种动态的反馈机制指根据学生所学习到并通过实践活动的效果来反馈给教师,使得教师对学生薄弱环节加以思政教育的重点教学。如开展敬老实践活动时,思政课教师要在与社区沟通的基础上做好实践教学方案,确定此次实践活动回应的思政理论聚焦点,设计具体实施步骤和要求,并组织学生有序进行,活动结束后还要进行学生总结与教师点评,对本次社会实践进行理论反思,对实践中某个理论认识不够透彻加以总结,教师以在下一次课程中加深对该方面的思政教育,这样才能产生深刻有效的思想政治教育教学效果。

思政建设的最终目的是形成立德树人的教育合力,切实提升高校人才培养质量,确保培养一代又一代合格的社会主义建设者和接班人,因此思政建设的考核评估最终要落实到学生成长发展的质量上来。

作者简介:廖青虎,男,管理学博士,天津商业大学公共管理学院副教授。
刘迎良,男,管理学硕士,天津商业大学公共管理学院讲师。

《公共经济学》课程思政综合改革探索研究＊

陶志梅

　　《公共经济学》是公共管理学科体系的重要组成部分,是公共管理类专业本科和研究生人才培养计划中的专业基础课和核心必修课,按照教育部公共管理专业开设课程指导目录要求,高等院校公共管理专业均需开设《公共经济学》课程。我校公共管理学院面向公共事业管理、行政管理专业的本科生和公共管理专业的学术型研究生和专业型研究生共同开设公共经济学课程,一般在本科生第四、第五学期或者研究生第一学期开始。课程教学团队由老中青相结合的 3 位老师组成,其中教授 1 人、副教授 2 人。根据不同专业、不同年级学生的学习情况,公共经济学课程的课时分布和课程内容要求有所差异,其中本科生课程主要内容包括 7 个章节,介绍公共经济学的学科整体情况、政府与市场关系理论、公共产品理论等基础理论和政府的公共支出和公共收入。研究生课程内容主要包括 5 个章节,在呈现课程全貌的基础上,更多地要求就主要问题能有深入的研究式学习。

一、公共经济学课程开设过程中存在的问题

　　公共经济学是经济学在公共管理领域的分支,以理性经济人假设为基础,探讨公共部门经济行为及其规律,尤其关注政府为什么以及如何干预经济生活。公共经济学的主流理论和分析方法源于西方经济学,强调公共部门资源配置的效率,理论具有一定的抽象性。就公共经济学课程开设情况来

＊　本文是校级《公共经济学》课程思政项目的阶段性研究成果。

看,大部分高校以公共经济学理论知识的讲授为主,对人文精神和道德伦理方面延伸的较少,对于研究生层次,该课程的知识体系仍需要进一步系统化和深入,解决中国的公共经济实践问题。现有的《公共经济学》课程开设存在的问题主要表现在:

第一,课程教学存在食洋不化的问题,影响教学效果。公共经济学理论是建立在西方经济学的经济理性人假设基础上的。如果我们的公共经济学课程只是对基于西方经济学的公共经济学理论做简单的解释说明,学生学习就会产生很大的困惑,可能影响学生的价值观的形成,产生不好的社会影响。尤其对于仍没有形成价值观的本科低年级学生而言,不全面、深入地理解公共经济学的理论精华,可能使低年级的青年学生产生消极、腐朽的价值观念,进而影响青年学生的健康成长。

第二,教学内容不够中国化,与实际结合不紧密。现有的公共经济学教学体系是在 20 世纪 60 年代初在财政学基础上逐渐形成的美欧公共经济学派为主流的研究领域,以 1992 年上海三联书店、上海人民出版社出版的安东尼·B.阿特金森和约瑟夫·E.斯蒂格利茨著《公共经济学》为代表,各种版本的欧美公共经济学教科书越来越多地进入中国,在此基础上形成国内的公共经济学课程教学体系。而源自西方的公共经济学理论体系产生于西方的资本主义社会,并不完全符合中国经济社会发展实际情况。如果不能结合中国公共经济发展实践,我们开设的公共经济学课程将难以明白、透彻地讲解公共经济理论,使课程具有足够影响力和说服力。

第三,学习内容相对生涩难懂,难以吸引学生的学习兴趣。公共经济学课程开设对象主要是公共管理专业的学生。公共经济学以公共产品有效供给问题为核心,形成资源配置效率优化的政府与市场关系理论、外部性理论、公共产品理论、公共选择理论,以及在四大理论基础上的政府公共支出和公共收入行为分析等内容。这些材料不同于公共管理专业的其他技术性和实操性的管理类课程,是以一个行政区域的公共经济为研究对象,研究区域较为广泛,内容相对宏观和抽象,学习和理解具有一定的难度,尤其对于本科的低年级学生而言。如果学生不能理解、接受抽象的理论,只是沿袭高中时的简单机械记忆的学习方法,学到的知识囫囵吞枣,停留在表面,缺乏真正地理解，学生就会感觉知识生涩难懂，难以产生进一步钻研的学习动力。

二、课程改革的目标和原则

公共经济学作为公共管理专业的核心课程，必须通过融入课程思政建设，结合中国经济社会发展实践，通过教育教学方法改革的积极探索与实践，通过课程每一个知识点的设计，将课程内容生动地呈现给学生，让学生真学、真信、真懂，培养公共管理专业学生掌握政府及其他公共部门经济行为相关理论，具有分析政府及其附属的公共部门经济行为基本规律的能力，成为拥护中国共产党领导和社会主义制度的社会主义事业的建设者和接班人。课程改革的基本原则主要有：

第一，坚持目的性和导向性原则。习近平总书记强调，"我国是中国共产党领导的社会主义国家，这就决定了我们的教育必须把培养社会主义建设者和接班人作为根本任务，培养一代又一代拥护中国共产党领导和我国社会主义制度、立志为中国特色社会主义奋斗终生的有用人才"。作为公共管理专业人才培养的公共经济学课程思政改革，必须坚守为党育人、为国育才的使命，实现对党的教育方针和立德树人根本任务的有效落实。因此，课程思政改革的公共经济学教育应当及时掌握学生的思想动态，帮助学生树立积极向上的思想道德观念，提高学生的专业经济素质、思想道德素质、身心素质等在内的各方面素质，为社会主义事业培养合格的建设者和接班人。

第二，坚持层次性和针对性的原则。公共经济学课程分别为本科生和研究生开设，对于不同层次的学生应注意不同的教学方法和教学设计。本科生应该针对学生生长环境、思想观念，通过形象生动的教学方法和参与式的教学组织，结合中国经济社会发展的实践状况，帮助学生学习和掌握公共经济的主体内容。研究生的学习应该以研究式学习为主，强调针对特定问题，展开深入的探讨和分析，在基础理论教育的基础上，培养学生分析、研究问题的能力。在互联网时代，应当借助网络工具，提供形象、生动的多媒体学习材料，并根据不同学生的发展能力，结合大学生实际情况，做到因材施教，注重给予学生有效的、有针对性的教育辅导。

三、融入课程思政的公共经济学课程综合改革实践

（一）找准公共经济学与课程思政的结合点，将习近平新时代中国特色社会主义思想融入公共经济学课程中

（1）通过公共经济学的课程思政建设，梳理公共经济学课程的知识体系和主要内容，在课程的每一章节都明确课程知识材料与课程思政的结合点，是公共经济学课程进行课程思政改革的重要组成部分。在此基础上，进一步提升教学要求，在教学中融入习近平新时代中国特色社会主义思想，将其作为公共经济课程理论与实践相结合的公共经济学理论的发展和提升，帮助学生真正理解公共经济学理论，充分认识习近平新时代中国特色社会主义思想的真理性和科学性。

导论部分通过专家学者的观点和中国公共经济发展成就的分析，引导学生对课程的学习兴趣，培养青年学生的历史使命感和社会责任感。

导论部分作为公共经济学课程的第一章内容介绍，需要阐述公共经济学的课程教学背景，提炼公共经济学和其他公共管理学科之间的相互作用关系以及中国公共经济的现实状况。这一部分结合中国改革开放的主要成就，以及著名经济学家林毅夫等人的成长道路和学术成果，说明中国的公共经济发展的历程以及混合经济体制的主要思想，通过有中国特色的社会主义市场经济的道路选择作为思政教育的融入点。我校开设的公共经济学课程面向培养中国特色社会主义事业的建设者和接班人，通过人类资源配置的计划经济、市场经济等方式的知识传授和能力培养，结合我国计划经济时期的发展和改革开放后取得的巨大经济成就，以中国公共经济发展的现实案例和资料数据，结合中国现阶段的发展实际做出讲解和说明，结合有中国特色的社会主义思想的重要内容，培养青年学生的爱国主义精神。

（2）通过梳理经济学理论中的政府与市场关系，帮助学生理解和把握"要使市场在资源配置中起决定性作用，更好发挥政府作用"。政府和市场关系是公共经济学的永恒话题。要让学生真正理解这部分内容，除了在导论部

分回顾公共经济学的历史脉络以外,还应该梳理出公共经济学的逻辑线索,在此基础上结合中国发展模式,进一步让学生从思想上理解中国的市场经济发展的道路选择。习近平总书记在党的十九大报告中提出"要使市场在资源配置中起决定性作用,更好发挥政府作用"。这是科学把握中国经济社会发展实践基础上对于"政府与市场关系"这一理论问题的科学论断,也是公共经济学课程与中国实践结合的中国公共经济理论的重要论断和理论发展。市场机制是配置资源最优效率的方式,但是市场并不是万能的,完全由市场来配置资源会出现"市场失灵"问题。政府应该利用市场机制进行宏观调控。正如习近平总书记指出的,"更好发挥政府作用,不是简单下达行政命令,而是要在尊重市场规律的基础上,用改革激发市场活力,用政策引导市场预期,用规划明确投资方向,用法治规范市场行为"①。在课程讲解时,结合中国经济社会发展的具体案例,解读和学习习近平总书记关于政府与市场作用的科学论断,就能够准确把握当前中国政府在应对市场失灵中所采取的一系列政策措施,充分尊重和利用市场规则,是发挥市场在资源配置中的决定性作用与发挥政府作用的完美结合。这样的课程内容组织能够帮助学生理解抽象的经济学知识,并认真观察中国的公共经济发展,同时思考公共经济学的政府与市场关系理论,使学生真正学懂弄通相关的知识内容,并学以致用,在教学理论知识的同时,达到提升能力和引领价值观的作用。

　　(3)结合中国公共服务供给实践的公共产品供给理论,使学生正确理解公共产品供给要做到"既尽力而为,又量力而行"。公共产品供给理论是公共经济学的核心理论。伴随技术水平的发展,只有国防、公共治安、全国性的司法制度等少量产品和服务属于纯公共产品,大多数产品属于准公共产品。对于桥梁、收费公路等拥挤性准公共产品,如果完全由政府免费提供,经济理性会驱使每个人选择消费,结果是全社会消费量超过通过能力线,产生拥挤成本。同时,对于准公共产品的供给如果政府承担过多的供给责任,受益人只是这些公共产品的需求者,而不是全体社会成员,也会对其他不使用该公

---

　　① 中共中央文献研究室:《习近平关于社会主义经济建设论述摘编》,中央文献出版社,2017年,第69~70页。

共产品的社会成员造成影响,进而减少整个社会的福利。因此,考虑到准公共产品的效用可分割计量、部分的排他性和部分的竞争性,政府只承担准公共产品的部分供给责任。

习近平总书记指出,人民对美好生活的向往,就是我们的奋斗目标,强调要针对群众最关心最直接最现实的利益问题,统筹做好教育、就业、收入分配、社会保障、医疗卫生等方面的工作,让群众得到实惠。[①]伴随中国经济的发展,近些年中国持续加大民生投入力度,社会保障、各类公共服务水平得到了极大提升。生态环境、公共卫生、公共文化等各类公共服务多数属于准公共产品的范畴,考虑到国家发展阶段、社会整体公共福利实现等方面因素,政府只承担准公共产品供给的部分责任。正如习近平总书记指出的,民生工作要做到"既尽力而为,又量力而行"[②],既要不断加大对民生保障的投入,提供更多更高质量的公共物品和公共服务,不断满足人民群众对美好生活的需求,又要立足经济社会发展实际,充分平衡个人福利与社会福利、当代人利益与后代人利益,提供符合当前发展阶段的公共产品和服务,避免过度福利导致的不可持续问题。

(二)加强社会科学研究,推进课程建设与中国经济社会发展实践相结合

(1)将城市公用事业的供给效率提升作为公共产品有效供给的典型范例以深入研究公共产品供给理论。公共经济学研究的系列问题可以以公共产品有效供给研究为主线贯穿始末。公共经济学课程推进过程中,我们给学生呈现出纷繁多样的公共产品,并通过城市公共基础设施作为典型例证,说明公共产品有效供给理论及其应用。通过扩展中国的城市化、城镇化进程和中国城市公用事业供给效率等内容,将城市公用事业的准公共产品属性和供给主体理论进行分析和解读,并使用科学研究方法产生系列研究论文,以帮助学生理解和把握公共基础设施有效供给问题。

---

① 参见中共中央宣传部:《习近平新时代中国特色社会主义思想三十讲》,学习出版社,2018年,第225、146页。

② 习近平:《习近平谈治国理政》,外文出版社,2014年,第97页。

(2)加强案例开发,对接课程理论与社会实践,解释、说明、发展公共经济学理论。对于经济学基础不够扎实和学科知识储备不足的本科生而言,要达到较好的学习效果,特别需要结合授课学生的特点考虑课程讲授方法和授课形式。案例教学法是公共经济学课程思政的有效方式。结合中国改革开放四十多年取得的伟大成就和中国共产党带领全国各族人民努力探索和实践过程中出现的典型案例,和专业学生一起结合公共经济学的理论分析,讲好中国故事。通过多种渠道发掘公共经济学课程案例,并开发、写作出来,形成典型的公共经济学课程教学案例。要将公共经济学的理论和中国社会主义建设实践相结合,在总结实践经验的基础上,解释和说明理论,并提升和发展理论,使公共经济学理论在中国的发展实践中得到发展和升华。

(三)以学生为中心的多种教学方法使用增加课程的趣味性和吸引力

公共经济学课程通过多年的教学实践积累,探索导入式教学、案例式教学、实践式教学、分组研讨等多种教学方法和形式的使用,探索分析案例材料、翻转课堂等多种教学方法的改革创新尝试提升课程教学效果。

(1)案例是课程导入的重要途径。案例可以是重要知识点和章节内容的解读方式,也可以是引导学生主动学习的好办法。公共经济学课程开设第一节课就将课程的章节关系介绍给学生,并将学生分组对应课程的不同章节,要求每组同学能够根据指定章节的课程准备近3年的实时素材,在相应章节开课时进行相应章节的案例阐述分析。

(2)典型案例的分析和评价作为章节内容的总结和回顾。在课程章节知识讲解完成后,需要对学生的学习效果进行考察,以评价教学效果。在章节最后一次课,要求同学们结合该章节的理论知识,对典型综合性案例进行分析问答,同时任课老师对学生回答情况做出评价。这样一方面,便于学生总结、消化、吸收相应的理论知识。另一方面,老师对学生有针对性的点评将案例在课程理论基础上的思政素材提炼出来,并引导学生将知识内化为行为,达到价值塑造的教学效果。

(3)通过实践教学法带动学生参与中学习和思考。知识的学习不仅可以通过资料的阅读和积累,也可以通过实践操作和亲身体验,使学生通过亲身走访、访谈和实际操作,将老师的教授变为学生亲身实践、体会的过程,以吸引学生关注力,增强学生实际动手能力。公共经济学课程开展过程中,鼓励分成研究小组的同学通过新闻素材选取案例,或者搜集整理发生在生活中的身边的案例,让学生组成小组积极参与实际调查,取得案例的第一手资料。然后由各调查小组同学一起进行分工合作,分别负责调研、收集数据、处理文件、做 PPT 报告或者活动组织策划。实践教学法通过任务配给方式,让学生们以社会实践方式丰富课堂知识,加深对理论知识理解和深入的体会,丰富学习的方式方法,增加知识学习的趣味性和知识掌握的牢靠性。

作者简介:陶志梅,女,博士,天津商业大学公共管理学院教授。

新文科建设背景下复合创新型人才培养融入课程思政的思考

张志泽

一、新文科建设凸显复合创新型人才培养的时代价值

新文科建设注重学科人才培养体系、课程体系更新交叉,突出服务经济社会发展现实功能,强调教育传播社会主义核心价值观,重塑教育人才培养目标。经济社会发展的现实需要培养,既有业务专长又有家国情怀的专业型复合型创新人才。当今社会是一个充满竞争的社会,不同企业、不同行业、不同地区、不同组织,乃至不同国家之间,都在展开着激烈的竞争,而竞争的关键,则是符合时代发展需求的人才竞争。企业、政府及其他社会组织,为了有效实现自己的宗旨和目的,不仅需要高素质的专门人才,而且从运营成本和效益考虑,更需要复合型创新创业型人才。目前学什么专业,将来从事什么工作,健康正确的价值观,良好的职业操守,以及高超的人际协调与沟通能力、优秀的语言和文字表达能力、娴熟的交际与谈判能力、独到的问题分析与解决难题能力都构成了优良的人人基本素质素养, 是走入社会获得一个好的工作岗位和晋升机会的重要前提。在新文科建设目标价值导向下,行政管理专业不应该仅仅停留在满足于传授行政管理基本知识和基础理论,还应该及时回应现实经济社会发展需要,重点塑造综合胜任能力和素质,培养学生成为能够充分适应经济社会发展现实需要的复合型应用型创新人才。在谋得一份收入维持生计后,能够获得一个更好的工作晋升竞争力。新文科人才培养目标同样要求,既要有某种业务专长,又要懂管理工作的复合创新型人才,才能够满足适应现代社会对复合应用型创新人才的需要。

　　课程思政为新文科专业能力培养注入了新时代价值内核，进一步明确了教育需要培养哪些能力这一关键指向。可以说，从课程思政到专业思政是高校思想政治工作创新发展和升级跃迁的新主题[①]。天津商业大学作为"商科"院校，专业人才培养目标更应当主动适应社会需求，培养商学素养与专业能力结合、知识学习与实践能力并重、诚信做人与创新能力兼备的复合型创业型应用人才。

　　这一人才培养的目标，要求专业课程体系内容在教学中必须注意学科交叉和专业之间的相互融合，注重对学生的知识传授和能力培养并举。围绕复合创新型人才培养，学生应获得的专业知识和能力，包括熟悉党和国家在行政管理方面的方针、政策和法律法规；掌握行政学、管理学和法学的基本理论和基础知识，了解学科发展前沿动态，具备初步的科研、培训能力；学会包括部门战略管理、人力资源管理、风险与危机管理、薪酬与绩效管理等在内的多种现代管理方法与技术，提高职场适应性和职场运筹能力；具备开展日常工作所需的口头与文字表达能力、调研能力、方案策划能力、决策制定能力、决策执行能力、项目管理能力，增强职场竞争力；具备较强的团队精神和较好的组织协调能力，能够正确处理人际关系；较强的自学能力和进取意识，具备独立掌握和运用新知识的创新能力。这就要求在教学中要把时代之新、学情之新、教法之新融入教学设计，提升专业课程教学的针对性和吸引力[②]。上述能力框架的锚定及顺利实施，才能保证教书育人工作中使学生具有多科知识的复合培养锤炼，现实职场所需技能的系统训练，使学生具有较强的工作适应性和职场竞争能力。

二、新文科建设助推课程思政融入复合创新人型才培养

　　习近平总书记强调，在党的坚强领导下，全面贯彻党的教育方针，坚持

---

　　①　参见楚国清、王勇：《课程思政"到"专业思政"的四重逻辑》，《北京联合大学学报》（人文社会科学版），2022 年第 1 期。

　　②　参见蒲清平、何丽玲：《新时代高校课程思政课程提质增效的时间路径》，《思想教育研究》2022 年第 1 期。

马克思主义指导地位,坚持中国特色社会主义教育发展道路,坚持社会主义办学方向,立足基本国情,遵循教育规律,坚持改革创新,以凝聚人心、完善人格、开发人力、培育人才、造福人民为工作目标,培养德智体美劳全面发展的社会主义建设者和接班人,加快推进教育现代化、建设教育强国、办好人民满意的教育。全面加强党对教育工作的领导,坚持立德树人,加强学校思想政治工作,推进教育改革,加快补齐教育短板,教育事业中国特色更加鲜明,教育现代化加速推进,教育方面人民群众获得感明显增强,我国教育的国际影响力加快提升,实现中国人民的思想道德素质和科学文化素质全面提升。

(一)围绕人才培养目标定位开展立德树人工作

从人才培养目标层面讲,培养什么人是教育的首要问题。我国是中国共产党领导的社会主义国家,这就决定了我们的教育必须把培养社会主义建设者和接班人作为根本任务,培养一代又一代拥护中国共产党领导和我国社会主义制度、立志为中国特色社会主义奋斗终生的有用人才。这是教育工作的根本任务,也是教育现代化的方向目标。要在坚定理想信念上下功夫,强化主流价值观学习,特别是对马克思列宁主义、毛泽东思想、邓小平理论、科学发展观的学习,积极投身到保持共产党员教育实践活动中来,进一步改造自己的人生观、世界观、价值观,树立远大目标,坚定社会主义信念,努力学习现代科学文化,提高自身素质,紧密联系群众,调整心态,制订可行计划,努力工作,不断提高工作水平,提高为人民服务水平,充分展示自己的共产党员职业操守和为人民服务的宗旨。教育引导学生树立共产主义远大理想和中国特色社会主义共同理想,增强学生的中国特色社会主义道路自信、理论自信、制度自信、文化自信,立志肩负起民族复兴的时代重任。人才培养应当充分结合学习全国教育大会精神,在教育教学工作中全面贯彻落实科学发展观,注重理论学习和政策领会,丰富教育学习形式,深入了解改革开放和社会主义现代化建设的伟大成就,切实提高人才培养目标中的专业素养规划设计水平,围绕复合创新型人才培养确立专业价值框架和课程体系支持。

(二)教师工作重心应当强化突出立德树人功能发挥

立德树人成效是检验高校一切工作的根本标准,课程思政寓价值塑造于知识传授和能力培养中,是落实立德树人成效的重要抓手。[①]积极谋划和落实立德树人工作,自觉地坚持走中国特色社会主义道路,坚决贯彻执行党的基本理论、基本路线、基本纲领、基本经验,与党中央保持高度一致。新时代的教师应该积极主动通过学习和相关活动开展树立正确的世界观、人生观和价值观,强化党员教师"立德树人"自主意识,按照政治上坚定、作风上过硬、业务上精通、工作上勤奋、纪律上严明的标准严格要求自己,在工作、生活和社会中充分发挥引领凝聚作用,切实履行好新时代高校教师的义务和责任。业务上应当紧密结合教师本岗的教学和科研工作开展活动,要紧紧围绕立德树人根本任务,紧密联系本单位、本部门、教学科研工作实际,坚持贯彻群众路线,着力转变不适应、不符合科学发展要求的思想观念。通过深入开展师德学习教育,借鉴典型案例警示,深刻地认识在立德树人工作中坚持开展师德师风教育的必要性和紧迫性。为了保障立德树人成效,高校教师应当坚持学习,努力提高自身的思想政治素质,学习《中华人民共和国教育法》《中华人民共和国教师法》,按照《高等学校教师职业道德规范》严格要求自己,奉公守法,遵守社会公德。忠诚人民的教育事业,为人师表。在教育教学过程中,不断丰富自身学识,努力提高自身能力、业务水平,严格执行师德规范,增强事业心、责任心、爱岗敬业。通过言传身教、耳濡目染,把教书育人工作做实做细,务求实效,履行好立德树人工作职责。

此外,围绕复合创新型人才培养,广大教师在立德树人工作实践中应当严格要求自己,严厉约束,克服松懈心理,加强对经济、政治、文化、科技、法律、管理、历史等基本知识的学习,加强对履行当前岗位职责所必需的专门知识和技能的学习,并把这些方面的学习同深刻领会和灵活运用马克思主义理论紧密结合起来。既学习与业务有关的专业知识,也要广泛涉猎多方面

---

① 参见王英龙、李红霞:《课程思政对立德树人成效的影响研究》,《中国大学教学》,2021年第12期。

的知识，多学习一些反映当今世界文明进步的新知识、新经验，做到"专"与"博"相结合，求知与修身共进步，这样才能确保培养出来的学生知识结构更加合理，素质全面提高。

三、积极推进教育教学形式改革服务复合创新人才培养

新文科建设为传统专业发展注入了更多更先进的育人理念，更加复合的人才培养目标内涵，进一步丰富了人才培养目标内容体系的时代声音，更精准全面地回答了新时代文科专业发展的使命问题，为我们今后专业建设、课程建设指明了方向。内核需要借助适当的形式、平台载体才能够完整呈现，为确保新文科建设要求的复合创新人才培养顺利达成，必须积极推进蕴含了"课程思政"元素的教育教学改革不断深化，尤其是教学理念、教学形式、教学平台的改革尤为关键。

（一）充分利用现代网络智能信息技术服务复合创新型人才培养

结合专业学科课程实际深入推动"金课"建设与教学改革创新能力提升。紧紧深度围绕现代网络信息社会如何开展好、深化好"金课"素养建设，通过教学理念、手段、方法、组织重新定义课堂"线上""线下"有机融合，通过混合式教学来服务提升教育教学质量。

首先，通过"金课"更新教育教学理念。互联网时代的高等教育教学应当更加突出"以学生为中心"，开展翻转课堂，重新定义"教与学"的关系。在互联网时代，知识、信息来源途径日渐多元，获取信息的知识素养已经成为比获取知识本身更为重要的能力和素质，传统"灌鸭"式教学方式已经不能适应互联网时代高等教育教学。作为高等教育教师从业者，传授知识应当充分考虑和运用现代互联网信息技术，推动翻转课堂激发学生学习参与热情和积极性，延展教学，深化教学。

其次，强化"金课"的"三维"育人价值体系，即知识传授、能力培养、价值塑造，而且这种"匠人"精神传承集中体现在清华教师课堂讲授、专业建设发展、教材建设、团队建设等诸多环节，青年教师和老教师皆如此。互联网时

代,高校教师更应爱学习和传承发扬这种尊重知识、尊重价值规律、尊重职业操守的"工匠"刻苦钻研精神,秉承这种情怀方能不断谋求发展与进步。

再次,"金课"通过翻转课堂建设彰显了今后高等教育课堂教学改革创新的发展方向。通过翻转课堂,通过精心课堂教学板块设计,随机的课堂做题练习紧紧抓住同学们的注意力,调动同学们课堂参与式教学良好互动效果,呈现了精彩一课。从这堂课发现,合理的运用现代互联网络技术整合课堂教学能够更好地搭建教学内容逻辑体系,更好的组织课堂教学进程,更好的调动同学们课堂互动的积极性,确保实现更好的教学效果。

最后,"金课"建设丰富了教育教学方式,使混合式教学成为可能。

(二)围绕复合创新型人才培养开展教学科研

锚定复合创新型人才培养目标,从教师职业发展的阶段性,关注教师职业生涯发展同教育学术生涯研究并进之间的平衡。审慎处理好教与学、学与研、教与研之间的相互促进,共生发展的关系,也就是说,作为新时代的高校教师,现代信息技术赋能便捷教育教学的同时,除了教学还要教学研究,而且教学研究会随着时代的发展更显得重要和关键,教学研究直接为教学提供动力和内容延展,良好的教学离不开通透的教学研究。规范严谨的教学研究也有助于教育职业者不断发现新问题、新趋势、新动态、新方向,紧跟时代脉搏提升教学科研水平。应当充分利用好教学、教学研究在学术科研能力兴趣培养、能力素质提升和研究专注延展性的催化剂作用。教学目标、实际研究命题凝练直接关系到主旨选择,选题拟定、内容构想框架与社会现实互嵌,都将直接或者间接的服务于复合创新型人才培养。从事高校教师工作,应当保持长期秉持的"匠人"精神,围绕复合创新型人才培养,不怕细碎、复杂、困惑,从来没有什么捷径可以走,除了目标要明确,在追求目标达成路途上沿路的各种细节诸如学生综合素质、性格、品格等是否全面发展,也值得我们去留意、去关注。

(三)做精本科生导师制服务复合创新型人才培养

在大二学生入学前确定本科生导师的名单,在学生入学两周内完成师生匹配,一个月内组织完成本科生导师与学生的第一次见面会,并督促引导广大教师与同学们建立更加紧密的联系和长效的沟通,要求导师每月完成1小时以上的学业咨询和指导工作,做好思想价值引领、学业帮困扶困、就业指导等工作,积极践行立德树人教育根本宗旨,服务学生学业成长成才。自本科生导师制实施以来,行政管理专业严格落实导师制一生一师引领制,并积极做好导师沟通长效机制。督促引导广大教师与同学们建立更加紧密的联系和沟通机制,更好地积极践行立德树人教育根本宗旨,把学生学业帮困扶困放在教书育人工作实践的工作第一位,作为根本原则和宗旨服务学生学业成长成才。通过近距离接触沟通,第一时间了解学生困惑、困难在学业成长中的现实表现,并进行有针对性的帮扶和指导,并坚持发现问题及时引导疏解持续跟进,久久为功,持续发力,努力把本科生导师制工作做实做细,务求实效。通过本科生学业导师工作机制与同学们沟通交流,为今后教书育人及其他工作改进提供了方向和依据,今后工作中将更好地发挥密切联系群众优势,近距离聆听同学们的关切关注,把立德树人工作做实落地,把专业办好办精,充分发挥党员教师的旗帜引领表率作用,为同学们学业成才中成长服好务,提供坚强有力的支撑和保障,使每一位党员教师成为工作在教育教学工作一线的一面旗帜。

(四)锚定"课程思政"全程育人目标塑造学生精神内核

高校要落实立德树人根本任务,就要发挥好"思政课程"和"课程思政"的协同育人效应①。"课程思政"是弘扬社会主义主流价值观的重要载体平台,以专业课程内容嵌入社会主义核心价值观为主渠道,在重视思想政治教育课程育人功能的同时,加强专业课思想政治教育的教育理念。由于专业课程是课程思政建设的基本载体,所以需要深入挖掘各门专业课程所蕴含的思想政治教育元素,将其融入课堂教学各环节,实现价值引领与知识传授的有机统一。自觉嵌入思想政治教育基因,阐明中国特色社会主义政治制度的优越性和正当性,自觉将中国共产党的领导制度、国家制度架构、中国特色

---

① 参见田轶:《课程思政引领高等教育实现"四个回归"》,《人民论坛》,2021年第35期。

社会主义道路的优越性、"以人民群众为中心"等内容纳入课程设计,为学生综合素质能力培养树立合理精神内核。

此外,围绕深入做好课程思政知识体系全覆盖,从课程教材入手,认真学习领会马工程教材使用的通知要求,积极引入和创建更多更灵活的马工程知识内容体系进课堂,用马克思主义理论武装高等教育课堂,守牢社会主义意识形态主阵地,培养合格的社会主义建设者和接班人。目前,行政管理专业目前所涉及需要使用马工程的教材已经全部使用了马工程教材,实现了全覆盖,包括政治学原理课程、社会学概论、行政法与行政诉讼法课程,组织行为学、逻辑学等课程。这样从教学知识来源入口,确保了价值导向的纯洁性、先进性,把立德树人工作做实做细落地,充当好好学生的引路人。

四、结语

新文科回答了新时代传统文科专业如何发展的根本方向,集中呈现为教育教学育人理念的升级换代,其倡导的学科交叉、学科融合凸显了对"复合创新型人才"的明确,而其中对"爱党爱国""人文精神""全面发展""综合育人"理念的强调为新时代"课程思政"提供了纲领指南。复合创新型人才培养是新时代教育对现实经济社会发展对人才需要的精准回应,很多行业、产业的兴衰更替用事实做出了复合创新至关重要的佐证,传统相机产业怎么也不会想到最终淘汰这个产业的是跨界智能手机,传统手表制造业市场的急剧压缩面临同样的命运,拥有学科交叉知识背景的复合创新型人才将能够更快适应社会发展,更好地胜任现代产业职场发展需求,也就意味着更有竞争力和发展潜力。因此,应当多措并举积极主动推动"新文科"建设进程中复合创新型人才培养,借助"课程思政"塑造复合创新型人才培养的价值内核精神引领。

作者简介:张志泽,男,博士,天津商业大学公共管理学院副教授。

思政元素嵌入专业课程教学的着力点

——以《公共管理》课程为例

赵伯艳

教育兴则国家兴,教育强则国家强,党和政府高度重视高等教育事业发展。2016 年 12 月,习近平总书记在全国高校思想政治工作会议强调:"高校思想政治工作关系高校培养什么样的人、如何培养人、为谁培养人这个根本问题……我国高等教育肩负着培育德智体美全面发展的社会主义事业建设者和接班人的重大任务,必须坚持正确政治方向。高校立身之本在于立德树人,把思想政治工作贯穿教育教学全过程,实现全程育人、全方位育人。"①2019 年 8 月,中共中央办公厅、国务院办公厅印发《关于深化新时代学校思想政治理论课改革创新的若干意见》,把思想政治教育贯穿人才培养体系,全面推进高校课程思政建设,发挥好每门课程的育人作用,提高高校人才培养质量。②2020 年 5 月,教育部印发《高等学校课程思政建设指导纲要》,明确课程思政建设目标的要求和内容重点,课程思政建设工作要围绕全面提高人才培养能力这个核心点,促使课程思政的理念形成广泛共识,广大教师开展课程思政建设的意识和能力全面提升,协同推进课程思政建设的体制机制基本健全,高校立德树人成效进一步提高。③由此,从中央到地方的教育系统掀起了课程思政建设的高潮。

---

① 习近平:《把思想政治工作贯穿教育教学全过程》,新华网,http://www.xinhuanet.com/politics/2016-12/08/c_1120082577.htm。

② 参见中共中央办公厅、国务院办公厅印发《关于深化新时代学校思想政治理论课改革创新的若干意见》,中华人民共和国政府网,http://www.gov.cn/zhengce/2019-08/14/content_5421252.htm。

③ 参见教育部关于印发《高等学校课程思政建设指导纲要》的通知,中华人民共和国政府网,http://www.gov.cn/zhengce/zhengceku/2020-06/06/content_5517606.htm。

公共管理学是以政府和其他公共部门对公共事务的管理为核心，把当代经济学、管理学、政治学和社会学等学科的相关理论和方法融合到公共管理的研究之中而形成的一门新兴学科。《公共管理》课程①主要介绍公共管理学的基本概念、基本理论和公共管理学的前沿问题。通过课程教学力求传授国内外公共管理研究领域的新成果和新信息，提供多视角的思考空间，并使学生掌握公共管理学的基本概念、基本理论、了解公共管理学的研究方法，运用所学原理分析现实生活中的重要公共现象，将公共管理原理运用于工作实践，具有严谨务实的分析和解读公共问题的能力。《公共管理》课程作为公共管理学科的基础课程和核心课程，其课堂教学肩负着培养有理想、有道德、有情操的社会主义建设者和接班人的时代使命，是任课教师加强对学生思想政治教育的主要阵地。专业课的课程思政既是一种新的教学模式，更是一种新的教学理念，需要任课教师遵循教育逻辑、学科逻辑和课程逻辑，做好顶层设计。②

一、明确课程思政建设和育人的目标

（一）深刻领悟党中央推进课程思政建设的重要精神

习近平总书记在全国高校思想政治工作会议上的讲话精神是确立每门专业课程开展思政建设和教学目标设计的总体遵循。专业课的课程思政工作要积极响应高校思想政治教育精神，"同我国发展的现实目标和未来方向紧密联系在一起，为人民服务、为中国共产党治国理政服务、为巩固和发展中国特色社会主义制度服务、为改革开放和社会主义现代化建设服务……要坚持不懈培育和弘扬社会主义核心价值观……要教育引导学生正确认识世界和中国发展大势，从我们党探索中国特色社会主义历史发展和伟大实

---

① 本文所说的《公共管理》课程，非泛指公共管理一级学科所开设的所有课程，而是特指《公共管理》这一门课程。在不同学校、本科生和研究生的不同培养阶段以及公共管理学术学位硕士和和专业学位硕士（MPA）等不同培养类型的人才培养方案中，《公共管理》这门课程的具体名称不尽一致，其对应的课程名称包括：《公共管理学原理》、《公共管理学》、《公共管理导论》、《公共管理概论》等。

② 参见李寒梅：《论思政课政治认同培育目标的一体化建设》，《中国教育学刊》，2021 年第 6 期。

践中,认识和把握人类社会发展的历史必然性,认识和把握中国特色社会主义的历史必然性,不断树立为共产主义远大理想和中国特色社会主义共同理想而奋斗的信念和信心;正确认识中国特色和国际比较,全面客观认识当代中国、看待外部世界;正确认识时代责任和历史使命,用中国梦激扬青春梦,为学生点亮理想的灯、照亮前行的路,激励学生自觉把个人的理想追求融入国家和民族的事业中,勇做走在时代前列的奋进者、开拓者;正确认识远大抱负和脚踏实地,珍惜韶华、脚踏实地,把远大抱负落实到实际行动中……要用好课堂教学这个主渠道……守好一段渠、种好责任田,使各类课程与思想政治理论课同向同行,形成协同效应"①。

(二)具体化专科课程思政建设的育人目标

《公共管理》课程本身蕴含着鲜明的价值倾向、强烈的公共关怀和浓重的家国情怀,是承载国情教育使命和提升广大青年学生政治认同的重要阵地,任课教师应持续深入挖掘更多的思政元素并促进思政元素和专业知识的有机融合,在知识传授中注重塑造主流价值观,切实履行好教书育人的岗位初心,主动承担起培养社会主义建设者和接班人的时代重任。教师不宜硬性灌输,生硬地直接给出结论,而应由近及远、由表及里、引人入胜地引导学生理解社会制度的历史性变革和国家取得的历史性成就,在扎实的文献研究和社会调查的基础上,把家国情怀和价值引领渗入课程的方方面面,实现润物无声的效果。②《公共管理》课程教师需将思想政治教育体现在知识传授、专业指导、实践教学等各个环节的教学体系中,在传授专业课程知识的同时,引导学生提升内在的德行和素养、树立正确的人生观、价值观和世界观,将个体发展意识与社会发展和国家需求结合起来,帮助学生解答价值困惑和思想困惑,提升其为社会进步和国家发展学习的动力,鼓励其在创造社会价值的过程中实现自我价值。《公共管理》课程思政需紧紧围绕坚定学生

① 习近平:《把思想政治工作贯穿教育教学全过程》,新华网,http://www.xinhuanet.com/politics/2016-12/08/c_1120082577.htm。

② 参见许涛:《构建课程思政的育人大格局》,人民网,https://baijiahao.baidu.com/s? id=1647687710998551528&wfr=spider&for=pc。

理想信念,以爱党、爱国、爱社会主义、爱人民、爱集体为主线,围绕习近平新时代中国特色社会主义思想、社会主义核心价值观、中华优秀传统文化、宪法法治、职业理想和职业道德五大重点开展,引导学生深入社会实践、关注现实问题,培育学生经世济民、诚信服务、德法兼修的职业素养。①

二、深挖专业课的课程思政教育元素

习近平总书记指出:"要挖掘其他课程和教学方式中蕴含的思想政治教育资源,实现全员全程全方位育人。既要有惊涛拍岸的声势,也要有润物无声的效果,这是教育之道。"②《公共管理》课程蕴含着丰富的思政元素,需结合课程内容的重点和难点加以深入挖掘。公共管理学是研究公共部门对公共事务进行管理的原则、特点和方式的学科,其学科的逻辑起点便是公共事务,即众人之事。随着社会的快速变迁、全球化的发展,以及互联网、区块链等信息技术的突飞猛进,开始出现越来越复杂而多样的公民需求、治理诉求乃至全球性议题,公共事务的命题也越来越多,公共管理无时不刻不在接受新的挑战。众人之事的解决内含解决主体、解决原则、解决方式、解决资源、解决效果等系统和复杂内容,是一个平衡不同群体利益诉求的政治过程,更是一个关乎公平、正义、民主、责任、法治、参与、创新、改革等公共价值追寻的过程。可以说,公共管理外在的环境变迁和内在的组织、结构和功能革命催生出新的实践,经验需要总结、教训需要吸取、理论需要升华、管理方式需要不断创新。而所有这些任务和使命恰是公共管理事件探索和学科研究的续航力和生命力。诸多公共议题及其解决原则、解决方式和方法的探讨为《公共管理》课程提供了丰富的思政元素,对这些问题的探究对培养社会主义建设者和接班人,尤其是对培育未来的公共部门从业者来说至关重要。

---

① 参见吴岩:《全面推进高校课程思政高质量建设》,中国教育在线,https://www.eol.cn/m/toutiao/202111/t20211124_2178785.shtml。

② 《习近平主持召开学校思想政治理论课教师座谈会》,新华网,http://www.gov.cn/xinwen/2019-03/18/content_5374831.htm。

(一)围绕课程重点深挖思政教育元素

具体来说,可以从公共管理职能、公共管理伦理与责任、公共决策、公共政策执行、公共危机管理等重要知识模块寻找《公共管理》课程思政元素新的增长点。在公共管理职能这一知识模块中,依托公共部门内部管理职能和外部管理职能的含义和辩证关系这一知识点,引导学生理解内部管理是"手段",外部管理是"目的",不能本末倒置。内部管理是对公共组织自身的管理,具体包括对自身的组织要素(机构设置、人员编制)、各类物质要素(人、财、物和信息等)和运转方式(决策、执行和监督)三大方面的管理。以人事管理为例,具体包括履行选拔、任用、培训、奖惩、考核、调配、工资福利和退职退休等职能。内部管理的目的在于提高整个行政系统的工作效率,实现管理科学化,建成一个机构设置科学合理,运作程序科学规范,人员行为科学有序的行政系统。外部管理是对社会公共事务的管理,包括外交、国防、公安、金融、工业、农业、科教文卫、交通、能源、信息等,其管理目的在于为地方居民提供一个良好的生活环境,建成一个安定、有序、可持续发展的良好社会环境,重视管理的法制化和以民为本。公共部门内部管理职能和外部管理职能存在辩证关系,内部管理是"手段",政府部门是公共权力的行使者和公共事务的管理者,只有机构设置合理,人员管理有效,组织运转有序,才能够使其作为一个整体充分行使公共管理权限并取得预期的效果;外部管理是"目的",解决众人之事是公共部门存在的理由,是其根本职责,只有实现宪法和法律赋予的公共权力和履行职责,为公民服务,形成良好的社会秩序,政治统治的合法性才可能得到维持和巩固。当然,公共部门的内部管理和外部管理相互影响。内部管理的质量和水准影响外部管理的成效;外部管理内容的发展和演变又导致内部管理体系的不断变迁,"以人民为中心""全过程人民民主"等理念及其实践不断推动着政府规模、机构设置、运转方式和管理方式的调整和变革。引导学生理解公共部门内部管理职能和外部管理职能的辩证关系,不仅有助于学生理解公共部门的公共性、责任性,而且有利于理解现实中的行政管理体制改革和政府职能转变,更有利于现在(部分 MPA 学员)和未来在公共部门就业的大学生和研究生深刻理解和把握公共管理者的角色和职责。

(二)围绕课程难点深挖思政教育元素

公共管理著名的"公地悲剧"话题,探讨了集体行动困境、公共资源破坏与保护等话题,这既是公共管理课程的知识重点,也是知识难点。"公地悲剧"作为课程思政元素可以引导学生理解个体与集体的辩证关系、私人利益与公共利益的取舍和平衡。公地作为一项资源或财产有许多拥有者,他们中的每一个都有使用权,但没有权利阻止其他人使用,从而造成资源过度使用和枯竭。之所以叫悲剧,是因为每个当事人都知道资源将由于过度使用而枯竭,但每个人对阻止事态的继续恶化都感到无能为力,而且都抱着"及时捞一把"的心态加剧事态的恶化。当今,过度砍伐的森林、过度捕捞的渔业资源及污染严重的河流和空气,都是"公地悲剧"的典型例子。避免类"公地悲剧"的根本在于在尊重个体理性和利益的基础之上建立合理的制度安排,以实现人际间和组织间持续性的互信和合作,催生集体理性和正面的集体行动。

三、以案例教学模式将课程思政元素嵌入主体教学内容

(一)案例教学模式与专业课程思政教学的适配性

课程思政元素与主体教学内容全方位、体系化地对接需要在考虑学生接受度的基础上,探寻合理和妥帖的嵌入方式,而案例教学是一种非常适用的模式。《公共管理》课程探寻公共事务的解决之道,无论是公共事务界定还是解析都需要建立在对公共管理原理、理论和公共价值的理解之上,而这恰是教学的难点。案例教学是对抽象的原理、理论和价值进行阐释和应用的适用模式,案例教学过程正是引入课程思政元素和实现育人目标的契机。因此,《公共管理》课程思政要"以案说法",用现实中生动而深刻的公共管理案例讲好中国故事、赢得学生的政治认同,以案例教学的方式呈现公共治理的痛点和难点,引导学生课堂讨论和深思、寻求中国公共问题的解决方案,关注中国发展、中国实践、中国经验和中国智慧,潜移默化地引领当代大学生和研究生树立正确的人生观、世界观和价值观。

公共管理伦理与价值是公共管理课程知识模块中的难点,因其较为抽象而难以被学生理解。从价值意义上看,公共政策伦理就是公共利益和个人偏好之间的关系伦理。因此,公共政策伦理所涉及的是正义价值的选择问题,即如何做到社会利益和社会负担的合理分配。①将公共伦理与责任这一较为抽象的知识难点,结合公共政策制定和执行、日常公共治理过程中的现实案例去阐释并启发学生思考,既便于学生理解这一难点,又能促进学生在理解难点的过程中进行积极和正面的价值判断。

(二)《公共管理》课程思政案例教学示例

首先,可以选择"动用直升机援救受困驴友,该不该收费"这一案例讨论公共政策的伦理与价值,即在公共政策制定和执行中如何做到社会利益和社会负担的合理分配。通过动用直升机援救受困"驴友"的多案例呈现抛出社会利益和社会负担合理分配这一议题,然后引导和组织学生针对该案例进行正方和反方的辩论,之后总结各方陈词和观点并和网友意见进行比对,任课教师结合公平正义这一公共价值围绕结论共识进行引发和阐释,最后依据"未来民众进入特殊管制山域,队员或领队应具备紧急救护能力,并投保登山综合险,禁止于台风天强行入山,否则遇到登山事故,当地政府可向民众收取保险理赔以外的搜救费用"等地方做法和规制创设总结该公共问题的解决原则。全程围绕引导学生正确认知公共政策公平正义这一思政元素展开。其次,以"染色馒头""毒奶粉"等重大食品安全事件作为案例探讨食品监管类公务人员的职业伦理以及记者、厂商等个人伦理与公共伦理的关系。最后,新公共管理运动和公共管理民营化改革一直是公共管理中的重要知识模块,通过对台湾地区银行民营化改革、十堰市公共交通体系整体民营化改革等案例解析,引导学生正确理解发端于西方公共管理实践的新公共管理理论和民营化到底是一种普世价值还是一种基于差异性的地方尝试,深入浅出地引导学生从增加选择机会、整合民间资源用于国家发展等有利方面以及漠视公共责任、引发特权与贪污和公共服务不公、出现管理问题等

---

① 参见马英、梁廷:《公共管理学原理》,经济科学出版社,2009年,第119页。

弊端去整体思考和评价民营化的利弊得失，并在此基础上引发学生思考如何从目标设定、责任分工、程序设计、克服障碍等几个方面去精心地操作民营化改革过程，使这一"舶来品"精准"为我所用"。

四、创新《公共管理》课程思政教育的教学方法

（一）在课程思政教学中引入参与互动式教学方法

课程思政元素嵌入专业课程内容的实施效果高度依赖课堂教学的效果，而课程教学效果的实现又高度依赖课程的授课方式。参与互动式的教学方法能更好地调动学生的学习兴趣并激发学生思考，有利于讲课程思政元素更加顺畅地融入教学过程。为此，需要任课教师在讲授思政元素的课程内容时，依托线上线下混合式教学方法实现翻转课堂，深化课程思政的教学效果。

（二）混合式课程思政教学实施过程示例

以老人免费乘坐公交车议题为例，混合式课程思政教学的实施过程设计如下。

首先，明确本教学内容引入思政元素的目标是引导学生树立正确的人生观、价值观和世界观。

其次，抛出相应的社会现象和初步问题：针对老人免费乘坐公交车所带来的早晚高峰车内拥挤、挤压中青年人乘车机会、不文明现象和安全问题等现象，你是否支持65岁以上老人免费乘坐公交车的政策？在此，要求学生进行线上答题表明立场。

再次，在学生初步作答的基础上提出问题：我们可以采用何种措施加以缓解老人免费乘坐公交车的负面效应？引导学生进行课上小组讨论。

又次，在各组组员代表举手作答的基础上，介绍各地政策实践：A.上海"福利政策货币化"，每月向老年人发放津贴让老年人直接用货币购买服务，65到69岁是75元，70到89岁是180元等。B.成都、唐山限次免费。唐山老年卡每月免费乘坐120次。C.宁波错峰优惠政策。

最后,要求学生再次线上答题表明立场,即你是否支持65岁以上老人免费乘坐公交车的政策? 将两次学生选择的答案进行对比分析,结合课程思政元素进行评价和总结,引导学生思考自身对这个问题的认知是否发生了转变,该如何看待这一公共议题。

教师总结要点如下:(1)在价值上,公共部门具有公共性、公益性和非营利性,老人免费乘坐公交车是政府照顾弱势群体的利好政策和福利政策,我们应给予理解。

(2)对于政策产生的负面效应,应该采取具体措施加以解决,而非简单的废止该政策。

(3)作为时代青年,要遵守公共秩序、认同尊老爱幼的社会风尚,要关注国计民生等重大问题,并寻求公共问题的解决之道。

(4)再次凝练需要学生深入思考的课后问题,即影响公共政策选择的各种因素:①解决公共问题的成本,措施的科学性和可行性。②公共政策制定中的价值选择,注意保障公平和弱势群体保护。由此,实现本课程思政环节思政元素与专业知识和理论的衔接、整合和闭环。

五、结语

专业课的课程思政元素及其嵌入主体教学内容体系的方式多种多样、不拘一格,但总体应遵循教育规律和专业知识体系的特点展开,并结合学校的办学特色、本专业的人才培养方案、本科生和研究生等不同的人才培养层次而加以选择。只有结合以上各个方面综合考虑学生的知识背景、职业规划、就业去向等,才能提高学生对思政内容的接受度、满足学生成长和成才的需求,达到课程思政的育人目标。

作者简介:赵伯艳,女,博士,天津商业大学公共管理学院副教授。

《管理学基础》课程专业认证与思政目标渐进性融合教学设计

杜凤霞

　　落实立德树人根本任务,必须将价值塑造、知识传授和能力培养三者融为一体、不可割裂。[1]教学过程中,蒲清平、何丽玲倡导思政课程教学要备"时代之新""学情之新""教法之新"[2],即针对新时代新问题,结合新时代学生的新特征,运用更有效的方法将价值观引导于知识传授和能力培养之中。课程思政教学过程具有复杂性、渐进性、情境性和社会性[3],需要根据学生的不同状况进行针对性设计,防止专业教育和思政教育"两张皮"。本文结合专业认证培养目标要求和管理类课程思政建设要求,探索渐进性课程思政元素融入教学模式。

一、教学目标设计

　　本课程依据《高等学校课程思政建设指导纲要》要求,在实现课程"价值塑造、能力培养、知识传授"三位一体教学总体目标的基础上,以习近平新时代中国特色社会主义思想为指导,遵循教学规律培养学生科学管理能力的同时,通过管理思想、理论和实践与思政的深度融合,培养学生文化自信和

---

①　教育部:《高等学校课程思政建设指导纲要》。

②　参见蒲清平、何丽玲:《新时代高校课程思政教学提质增效的实践路径》,《思想教育研究》,2022 年第 1 期。

③　参见周付安、唐佳:《课程思政的教学设计策略:复杂性、渐进性、情景性和社会性》,《北京教育(高教)》,2022 年第 1 期。

民族自豪感,帮助学生树立正确的价值观,引导学生明确目标、在大一做好学习和职业规划。该课程思政具体教学目标及与毕业要求指标点对应如表1所示。

表 1　课程思政目标与毕业要求指标点对应设计

毕业要求	毕业要求分指标点	课程思政目标
综合素养	1.1 具有人文底蕴、科学精神和职业素养 2.1 熟悉国内外会展业的发展状况、运营机制以及我国会展业的政策环境 10.2 自我管理、自主学习能力	1. 通过管理学基本原理的学习使学生建立科学、严谨、务实、奉献、合作共赢的职业素养和自尊、自信、自律、敢于竞争勇于拼搏的人文素养 2. 通过管理思想发展的脉络学习使学生在了解管理学在专业领域和生活领域的应用的同时体会改革带来的成果,激发创新动力 3. 通过控制原理和方法的学习提升学生自我控制能力
专业能力	6.1 具有进行有效沟通、团队合作 6.2 具有组织领导的能力	4. 通过组织文化相关内容学习使学生理解组织文化的作用,深刻领悟党的优秀组织管理经验并积极融入班级文化建设 5. 通过领导、沟通和激励相关内容学习提升学生团队领导和协作的水平
实践能力	8.2 能够开展社会、行业和项目调查 8.3 进行统计分析、解释说明数据的能力	6. 通过决策基本原理的学习使学生学会组织内外部环境分析和决策过程中提升团队协作意识
创新能力	9.2 具有创新精神和初步的创新能力 9.3 能够初步应用自然科学、人文社会科学和会展专业知识发现、分析和解决本专业及相关领域问题	7. 通过融入党的十九大精神和创新训练,使学生能够建立"苟日新,日日新,又日新"的创新理念并应用在日常学习和工作中,培养务实奉献的职业精神

注:本表毕业要求分指标点所对应数字为本专业培养目标分指标点。

二、教学内容设计

《管理学基础》课程以社会主义核心价值观为引领、以创新为切入点、管理职能为主线,以党史、国学和经典管理实践为思政素材,在教学中将社会主义核心价值观、党的十九大精神、党的优秀组织管理经验以及中国传统文化及管理智慧等内容有机融入课堂。根据本课程教学目标和课程思政指导纲要及思政教育目标，本课程章节内容与思政内容结合点及课程思政教学目标支撑情况如表 2 所示。

表 2　教学内容与思想政治教育结合点

教学 内容　＼　思政 内容	马克思主义哲学 习近平新时代中 国特色社会主义 思想	社会主义 核心价值观	中国传统文化 与管理智慧	职业素养个人素 养
管理学导论	新时代治国理政 新思想	敬业、诚信、友善	"修身齐家治国 平天下"	自律
管理理论历史演 变	"四个自信" 党史教育	爱国、法治、文明	"以史为镜，可以 知兴替；以人为 镜，可以明得失"	自信、自强
决策	党的十九大精神	民主、平等、法治	"兼听则明，偏信 则暗"	竞争
组织	党的优秀组织管 理经验	民主、和谐、平 等、公正、法治	"治众如治寡，分 数是也"	合作共赢
领导	党的优秀组织管 理经验	民主、公正、法治	"其身正，不令而 行"	自尊
控制	党的十九大精神	自由	"不迁怒，不贰 过"	严谨
创新	党的十九大精神	富强、敬业、爱国	"苟日新，日日 新，又日新"	务实、奉献

三、教学模式设计

《管理学基础》课程遵循产出导向教育（OBE）理念的基础上，结合 BOPPPS 教学法促进教学内容与思政教育的进一步有机融合，以期实现较好的知识传授、能力培养和价值引领的示范育人效果。

（一）教学模式

课程采用线上线下混合式教学和"案例引入—情感激发—知识夯实—能力提升—深度思考"的渐进式教学模式，探索融合课程思政目标和元素的教学方法、教学手段、教学载体以及考核方式，充分实现第一课堂、第二课堂的有效衔接，不断增强思政内容的感染力，实现价值塑造、能力培养、知识传授"三位一体"的教学体系,如图1所示。

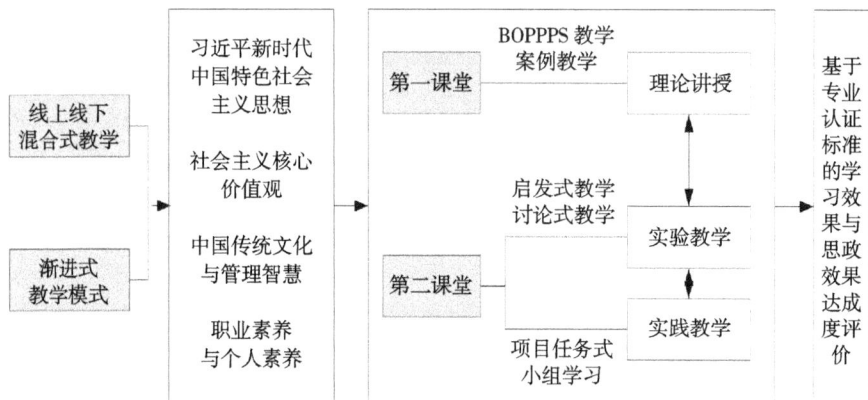

线上线下混合式教学　渐进式教学模式

习近平新时代中国特色社会主义思想　社会主义核心价值观　中国传统文化与管理智慧　职业素养与个人素养

第一课堂　BOPPPS教学案例教学　理论讲授

启发式教学讨论式教学　实验教学

第二课堂　项目任务式小组学习　实践教学

基于专业认证标准的学习效果与思政效果达成度评价

图1　《管理学基础》三位一体教学体系

(二)教学方式

本课程遵循"线上知识学习——线下深化应用"的路径,采用线上线下混合式教学和探究式小组项目学习等方式开展课程内容教学。

(1)线上线下混合式教学

本课程所采用混合式教学方式以"情境创设和场景问题解决"促进线上线下教学环节融合,即团队合作场景下的"知识竞赛"、工作冲突场景下的组内"平静对话"、书面报告场景下的"冲突解决"、讨论场景下的组间"精彩路演"四个环节紧密衔接,突破线上线下教学环节关联性不强、逻辑贯穿性差的瓶颈。

课程通过将"管理者与领导者区分""科学组织与创新""沟通与冲突管理""有效控制"四个模块线上理论知识进行线上与线下翻转活动相匹配,实现"线上"与"线下"的无缝衔接。"情境创设和场景问题解决"的混合式教学方式,将党的十九大精神和治国理政新思想、社会主义核心价值观等思政元素灵活地根植于线上课前自学阶段、线下课堂翻转阶段、线下课后任务阶段,即随着教学环节的推进,层层铺开、层层渗透,与专业教学同向同行,达成思想政治教育润物无声的作用与效果。

(2)线下探究性小组项目学习

《管理学基础》课程实践教学课时由原来 8 学时增至 12 学时,旨在通过项目式学习增强学生自主学习能力与解决问题能力。首先,在理论授课小组互动讨论式学习基础上创设现实或虚拟问题情境:"企业家团队遭遇队员涣散问题""开展大学生党史教育学习党的先进组织经验""会展实践月开展比赛项目筹备决策"。其次,小组成员通过自主学习、实地调查等方式尝试解决问题并形成执行方案,借由路演展示实现学生思政教学考核。最后,教师指导小组运用正确的方法解决该问题,帮助学生完成知识体系建构。该方法具备情境式与过程化特征,将思政元素作为虚拟问题情境或现实问题情境予以设定,既有助于实现专业教学与思政教学贯穿式的水乳交融、同频共振,又有利于保证教师与学生之间点对点的思政教育效果。

(三)教学方法

本课程采用多种教学方法,实现课程思政有机融入,实现"润物细无声"的思政效果:

(1)BOPPPS 六步教学[①]:在讲解知识点时运用 BOPPPS 教学法实现情境导入(B)、目标导向(O)知识前测(P)、学生参与(P)、课堂后测(P)、内容总结(S)互动教学和全过程控制。同时,教师以严谨的教风引导积极的学风考风,以得体的教姿教态、自信乐观的态度给予学生正面的示范。

(2)案例教学法[②]:引入专业相关典型实例介绍管理原理和知识,给学生以直观真实的感受,使抽象的知识具体化,激发学习兴趣,引导建立科学管理思维方式,培养学生职业素养和爱国精神。

(3)互动式、讨论式教学法:以教师为主导、以学生为主体,适当设置启发式问题,激发学生的主动参与意识,引导学生多角度全面地辩证地看待问题,培养学生的批判性思维、主动探究问题科学精神和团队合作精神。

(4)项目驱动式教学法:在实践教学环节设置项目式任务,激发学生围

---

① 参见王若涵、张志翔:《BOPPPS 式教学在"植物生殖生态学"课程中的探索与实践》,《中国林业教育》,2011 年第 6 期。

② 参见谢敬中:《案例教学法简介》,《成人教育》,1983 年第 6 期。

绕专业问题深度思考,培养学生理论联系实际的思维,在方案的讨论与修改中培养严谨务实的科学精神、团队协作精神。

三、创新教学设计示例

(一)教学设计框架

《管理学基础》课程共设 48 学时,其中理论教学 32 学时,课内实验 4 学时,课内实践 12 学时,分别对应教学模式(图 1)的第一课堂和第二课堂。第一课堂以课堂讲授为主、案例资料推送和知识课前测为辅,充分运用现代教学技术实现教学过程性评价;第二课堂分为实验环节和实践环节,在实验环节通过沙盘实验进行规定场景任务设计,借由红色专题融入思政内容;实践环节为实地参观调研和项目式任务执行,延续实验环节的专题设计,具体教学设计框架如表 3 所示。

表 3　《管理学基础》教学设计框架

设计 教学	教学模式	教学方法	教学组织	工具与技术	思政目标
第一课堂	渐进式教学 线上线下混合教学	讲授法 案例教学法	BOPPPS 法 五星教学法	雨课堂 学习通	1-6
第二课堂	线下探究式 小组项目 学习	互动式、讨论式教学法	课内实验分组教学指导	沙盘	3、5-7
	线下探究式 小组项目 学习	项目驱动式 教学法	课内实践分组教学指导	调研	4-7

注:思政目标所涉及编号为表 1 中课程思政目标对应编号。

(二)教学设计示例

根据学校办学定位和专业建设目标,本课程在教学设计过程中注重理论与实践相结合,教学目标与课程思政目标的有机融合。根据教学设计框架(表 3)进行具体教学设计如下:

(1)第一课堂以课堂讲授为主,运用雨课堂、学习通或云班课等教学软件和工具与学生进行课上课下实时交流和阶段测试,把握学生的学习状况,实现教学过程性评价;课前和课后的线上慕课资源主要围绕"互联网+"大赛、青年红色筑梦之旅、乡村振兴等题材予以推送作为辅助教学资源为基础知识注入活力,并在课上通过融入思政元素的案例活化专业性原理和知识,促进理论与实践相结合,将思政内容完全融入教学活动;

(2)第二课堂实验环节通过会E人沙盘实验完成规定场景设计,主题包括但不限于电商扶贫、党史学习形式创新设计、会展协会实践月主题设计等,培养锻炼学生的沟通、协作、控制和相互激励能力,激发创新意识;

(3)第二课堂实践环节通过参观调研和项目式任务驱动,主题包括但不限于校内红色专题活动策划、展览,电商扶贫调研,乡村振兴调研等,培养学生运用管理学知识和原理分析问题解决问题的能力,培养敢于拼搏、勇于担当、甘于奉献的精神。教学设计(简版教案)示例如表4所示。

表 4　《管理学基础》课程简版教案示例

教学环节	教学过程	教学内容	教学方法及要求	思政元素	目标考核
课堂讲授目标管理	案例导入(B)	列举大到国家小至个人的目标,代入"体系"概念("两个一百年")	方法: (1)BOPPPS (2)案例教学法 (3)启发式教学法 (4)讨论式教学法 要求: (1)学生能够理解目标管理体系 (2)学生能够制定切合自身实际的学习目标	"两个一百年"奋斗目标"五位一体"国家总体布局	(1)能够结合"两个一百年"奋斗目标进行自我定位 (2)能够通过案例分析"五位一体"国家总体布局的作用
	目标导向(O)	学生理解目标管理的含义及目标管理体系化的意义			
	知识前测(P)	提问学生对目标的理解以及"体系"在目标制定中作用的理解			
	学生参与(P)	引导学生自己画出目标管理体系,并练习制定一段时间的学习目标			
	知识后测(P)	如何用SWOT等方法分析大目标对小目标的影响(综合环境分析内容)			
	内容总结(S)	总结:以梦想(目标)照进现实(过程)鼓励学生制定合理的体系化目标			

续表

教学环节	教学过程	教学内容	教学方法及要求	思政元素	目标考核
实验教学沙盘实验	案例导入（B）	通过认识实习或首次参观实践初步认识沙盘	方法： (1)启发式教学 (2)讨论式教学 (3)项目式学习 要求： 学生能够运用沙盘工具进行场景设计并针对本小组的团队管理职能情况进行总结	(1)党史相关理论 (2)党的优秀组织管理经验	(1)能够结合党史相关理论进行红色专题设计 (2)能够对标党的优秀组织管理经验分析团队管理不足
	目标导向（O）	学生掌握沙盘使用方法并能够根据主题进行场景搭建			
	知识前测（P）	测试学生第一课堂所学管理职能			
	学生参与（P）	运用管理职能指导各小组进行沙盘场景搭建			
	知识后测（P）	启发各小组思考在实验过程中管理职能运用的优点和不足			
	内容总结（S）	各小组围绕管理职能进行经验总结			
实践教学项目式任务活动	案例导入（B）	会展2018级"建党100周年"献礼实践活动	方法： (1)启发式教学 (2)讨论式教学 (3)项目式学习 要求： 学生能够运用根据实验场景设计开展实践活动并从各管理职能角度总结管理经验	(1)党史相关理论 (2)"四个意识"和社会主义核心价值观 (3)国学智慧	(1)能够理论与实践相结合 (2)能够在活动中践行"四个意识"和社会主义核心价值观 (3)能运用国学智慧指导实践
	目标导向（O）	综合运用第一、二课堂相关知识和能力进行实践			
	知识前测（P）	雨课堂知识小测和总结实验的经验			
	学生参与（P）	选定一个主题进行实践活动策划和执行			
	知识后测（P）	每个活动模块/单元进行管理总结			
	内容总结（S）	教师结合实践活动进行知识建构			

(三)课程目标与思政目标双达成度评价设计

课程思政目标的达成需要螺旋前进和逐渐深入，要依据学生不协调状况进行针对性施策。①《管理学课程》在先期校级金课项目资助下积极进行了专业认证过程性评价的探索，为更好地实现思政课程与专业课程同向同行，本课程基于专业认证思路进行课程教学目标和课程思政目标双达成度评价指标设计(表5)，以持续改进的原则不断提升课程教学质量。

表5 《管理学基础课程》教学目标与学习成果对应关系

序号	课程目标	课程学习成果	思政学习成果
1	熟悉管理思想发展的脉络；了解管理学在专业领域和生活领域的应用	1.清楚了解管理思想的起源、发展以及中国国学中蕴含的东方管理智慧 2.理解企业管理案例中的管理思维 3.能够结合生活经历谈对管理的认识	通过管理思想发展史的学习和经典案例与管理实践初步具备创新驱动和严谨务实态度
2	掌握决策基本原理，能够进行组织内外部环境分析并进行决策；	1.能够运用SWOT分析法分析组织内外部环境 2.能够运用决策的过程进行管理决策 3.理解风险型决策的基本方法	团队项目决策过程中能够自觉践行民主、平等、法治的社会主义核心价值观，能够正确对待竞争和失败
3	掌握组织基本原理，能够进行组织结构设计和人员配备及组织文化建设；	1.能够根据具体情境进行组织结构设计 2.理解组织文化建设的重要性和内涵 3.能对班级组织文化建设提出个人见解	从党的优秀组织管理经验和经典案例中汲取组织管理经验，能够将民主、和谐、平等、公正、法治等社会主义核心价值观贯穿于团队组织管理
4	理解领导基本理论，能够运用领导、沟通和激励相关理论进行团队领导和协作	1.理解领导理论的基本内涵 2.能够根据具体情境提出沟通策略 3.能够组织团队讨论	领会"其身正，不令而行"的深刻含义，团队合作中以合作共赢、有效沟通为目标，能够以民主、公正、法治的态度处理团队问题和冲突

① 参见周付安、唐佳:《课程思政的教学设计策略:复杂性、渐进性、情景性和社会性》,《北京教育(高教)》,2022年第1期。

续表

序号	课程目标	课程学习成果	思政学习成果
5	掌握控制的基本方法,能够对管理相关的实践问题解决进行相应的控制;	1.理解控制的基本内涵和方法 2.正确运用控制职能管理实践活动	在讨论和任务执行中逐步由"他律"转变为"自律",能以前瞻性的眼光和严谨的态度把握团队及个人任务执行进度和效果
6	掌握创新基本知识,能够将创新应用于管理活动过程;	1.理解创新的理念和内涵 2.能够创新性解决学习和工作中的基本管理问题 3.能够在实践课中提出个人的见解	能以不计较个人得失的奉献精神主动融入团队任务中,能以精益求精、求新求异的态度开展小组活动并以求真务实的精神扎实推进小组任务

四、预期教学效果设计

(一)落实立德树人根本任务方面

本课程通过教学资源推送、课上案例讨论及实践活动有效推动学生了解世情国情党情民情,增强学生对党的创新理论的政治认同、思想认同、情感认同,坚定"四个自信",自觉践行社会主义核心价值观。

(二)弘扬中华传统优秀文化教育方面

本课程通过各章节内容中融入国学经典以及中国传统管理智慧,实现思政课程与专业课程同向同行,引导学生深刻理解中华传统优秀文化中讲仁爱、重民本、守诚信、崇正义、尚和合、求大同的思想精华和时代价值,培育学生的民族精神和以改革创新为核心的时代精神。

(三)提高人才培养质量方面

本课程理论教学部分根据会展经济与管理专业的特色深入挖掘提炼专业知识体系中所蕴含的法治教育、思想价值和精神内涵,提升课程的引领性、时代性和开放性。

实验实践教学活动中通过教育引导学生弘扬劳动精神,扎根中国大地了解国情民情,使学生在实践中加强对专业的的了解。

学生通过参与课堂案例讨论、实验实践环节的团队合作能够显著增强学生课堂参与度、专业认可度和学习满意度,能够有效增强班级凝聚力;通过自我管理教育教学活动学生能够进行良好的自我管理并作出初步职业规划。

五、结论

《管理学基础》课程是管理类专业学科基础课,该课程以教育部《高等学校课程思政建设指导纲要》为指导,面向"立德树人"根本任务,立足社会需求,遵循 OBE 教学理念,坚持学生中心、产出导向、持续改进,不断提升学生的课程学习体验、学习效果,在授课过程中有机融入课程思政元素,达到专业课程与思政课程的同心同向育人目的,在教学设计中创新性融合线上线下混合式教学和"案例引入—情感激发—知识夯实—能力提升—深度思考"的渐进式教学模式,在将思政元素融入专业教学方面进行了有益的探索,预期能够在落实立德树人根本任务、弘扬中华民族传统文化和提高人才培养质量方面取得良好效果。

作者简介:杜凤霞,女,博士,天津商业大学公共管理学院讲师。

参与式教学在《行政管理学》课程中的应用

刘文花

2018年9月,教育部印发《关于加快建设高水平本科教育全面提高人才培养能力的意见》,提出"要以学生发展为中心,通过教学改革促进学习革命,积极推广小班化教学、混合式教学、翻转课堂"。翻转课堂是进行教学改革的重要手段,其实质是"以学生学习为中心",涉及教育理念、内容、方式与评价等方面的变革,进而带动学生的学习投入度提高、课堂学习参与度增强以及知识内化与应用效果提升。[①]在翻转课堂中,教师角色由原来在讲台上布道传授的"演员"和"圣人"转变为教学活动的"导演"和学生身边的"教练",而学生则由原来讲台下被动接受的"观众"转变为教学活动中主动的参与者。[②]参与式教学是翻转课堂的应用形式,是以学生为主体,通过倡导师生互动、生生互动,使学生积极主动参与学习的教学过程。参与式教学法就是将参与式教学具体运用到课堂教学中的教学方法,即在课堂教学中以学生为中心,鼓励学生积极参与教学过程,突出学生在教学过程中的主体地位,教师充分应用灵活多样、直观形象的教学手段和教学素材,加强教师与学生之间和学生与学生之间的信息交流与反馈,进而培养学生系统思考、团队与创新精神和解决实际问题的能力。[③]

《行政管理学》的学科特点为实施参与式教学提供了广阔空间,蕴含着

---

①　参见曾文婕、周子仪、刘磊明:《怎样设计"以学生学习为中心"的大学翻转课堂》,《现代远程教育研究》,2020年第5期。

②　参见钟晓流、宋述强、焦丽珍:《信息化环境中基于翻转课堂理念的教学设计研究》,《开放教育研究》,2013年第1期。

③　参见曹云明:《参与式教学在高校课堂教学中的应用技巧》,《大学教育》,2012年第11期。

参与式教学的必要性。该课程理论体系涵盖行政环境、行政职能、行政权力、行政组织、行政领导、行政决策、行政执行、行政监督等内容，课程具有很强的应用性，因此需要学生具备较强的理论联系实际能力，一方面扎实掌握理论知识，另一方面养成用理论思考分析问题的习惯，提高解决问题的能力。基于此，在进行教学设计时将学生参与引入到教学全过程，采用参与式教学提高学生学习兴趣、增强学生课堂存在感和参与度、提升学生获得感和成就感，实践证明该教学方式取得了良好教学效果。

一、课程参与式教学的三种方式

在进行参与式教学设计中，考虑到课程理论体系的完整性、理论之间的联系性及不同理论的特点，采取三种参与式教学方式：自学+课堂展示、模拟+角色扮演、案例分析。实施中，保证三种方式能够贯穿课程教学全过程，既紧密衔接又给学生充足的准备时间；既有针对特定章节理论的设计又有对每个理论的应用设计，让每个学生在紧张充实中收获知识提升能力。

（一）自学 + 课堂展示

自学是大学生必备的学习能力，参与式教学要求学生具备较高的学习自主性，同时要采用有效的方式检查自学效果。"行政权力"在课程理论体系中具有一定的基础性与中枢性，与行政环境、行政领导、行政决策、行政执行、行政监督、行政效率等理论存在千丝万缕的联系，学生们在成长过程和日常生活中对行政权力有切身感受，与行政权力相关的资料同学们可以通过多种渠道唾手可得，因此对于同学们而言，行政权力理论具有资料易得、有话可说、有感可发的特点及优势，相信同学们能够通过自学实现对理论的理解和掌握。

《行政权力》是教学大纲中的第四章，因此在第一次课介绍课程理论体系中将该章参与式教学任务进行布置，给学生充足的准备时间，同时引起学生对基础理论学习的重视。具体安排：课堂容量为 70 人，分成 7 组，每组 10 人，每组展示 15 分钟左右，同学们自由分组；自主确定组长，由组长对成员进行分工,通力合作完成任务。第三周将分组名单及拟展示主题上交,旨在尽早确定团队,且对展示主题进行调整尽量避免各组内容重复交叉过多,保证从多角度对行政权力问题进行思考展示。以抽签方式确定展示顺序,确定第一组展示内容为行政权力的基本理论知识,进行基本理论学习和铺垫。要求每组制作 PPT 进行课堂展示,展示后提交电子版演讲稿。采用团队成员互评的方式给每位同学打分,并将分数交给教师,旨在保证分数的客观公平。教师综合平衡各组之间评分标准差异,给出最终成绩作为一项平时成绩进行记录。

(二)模拟 + 角色扮演

决策是每个同学都曾经历且必将经历的活动,如何进行科学决策不仅是课程要探讨的问题,更是人生要思考的问题,因此在"行政决策"中设计参与式教学环节,模拟科学民主决策的制度设计——听证会,并在模拟听证会中进行角色扮演。

《行政决策》是教学大纲中的第九章,"行政权力"展示完毕之后,进行模拟听证会任务布置,趁热打铁,保持学生的学习劲头。具体安排:以班为单位进行组织,两个班各模拟一次不同主题的听证会,时间为一节课。每班自行推举召集人,由召集人负责开展各项工作;自主学习关于听证会的知识与流程,确保听证会组织有序、利益相关方代表性强、流程科学完备、结果具有说服力。自主进行会场布置、道具准备、现场秩序维护等工作;隔一周提交拟听证主题,由教师与同学代表进行商议,选择同学们较有"亲切感"的主题确定下来并着手准备(比如关于学生宿舍晚上定时断电问题、考研占座问题、集体自习问题,等等)。激励方式是为在听证会中进行角色扮演的同学(不包括群众)发放奖品,给群众中积极发言的同学发放纪念品。

(三)案例分析

《行政管理学》较强的应用性特征为课程教学提供了大量现成案例和众多现实案例,理论学习必须结合案例分析才能更深入理解理论,更准确运用理论,因此教学中每一章都会进行案例分析,案例会提前发给学生以供阅读思考,上课进行讨论发言。讨论采用随机分组的形式,根据就近原则,全体学生按照座位区域划分若干组,前后左右能够开展讨论交流,一般讨论时间为5分钟,最终选出一名同学发言,其他同学可补充,在规定时间内完成发言的组其成员全部记录一次课堂讨论,未发言组没有记录,学期末对课堂讨论情况进行汇总,作为一项平时成绩。

二、参与式教学实施中应注意的问题

参与式教学以学生为主体,但不是减轻了教师负担,而是对教师提出更高的要求。教师要对参与式教学有正确的认识,明确自身角色与职责;对参与式教学要周全考虑,科学设计,有效实施;及时发现问题总结经验,不断探索参与式教学的手段,持续提升教学效果。因此,在参与式教学中要注意处理好以下问题。

(一)学生为主体但教师不能缺位

参与式教学要发挥学生的主体作用,在课堂上是"主角",但教师是"制片人""导演",因此起着把握方向、掌控全局的重要作用。教师是参与式教学的设计者(哪些内容要进行参与式教学、采取何种方式进行参与式教学、如何实施参与式教学等)、关键环节把关(如课堂展示主题确定、听证会主题选择、激励方式选择等)、课堂掌控(如展示时间控制、课堂气氛渲染、发言内容纠偏等)、释疑解惑(如发现学生对理论知识表述不准确及时进行修正。再如"行政权力"第一组展示基本理论知识,适当延长时间,为学生当"助教",在互动中便于学生打好理论基础)、知识拓展与课程思政(如分组完成任务旨在培养团队合作精神,但不可避免"搭便车"行为,此处可适当讲解公共选择理论。模拟听证会涉及利益相关者理论,可向同学们进行简要介绍。课程思政是以"润物细无声"的方式潜移默化地对同学们进行意识形态教育,通过看似"无心插柳"的形式达到"柳成荫"的效果,如通过参与式教学激发学生的学习热情、培养团队合作能力、提高对时事政治的关注度、增强对党和政府的认同,等等)。

(二)全员参与而非少数展示

参与式教学应激发全体学生的学习热情,实现学生的全员参与,而非少数学生的反复参与。因此教师要关注学生状态,对于较为活跃的学生要持续鼓励,对于不活跃甚至有"搭便车"倾向的学生为他们创造条件带动他们参与,如直接点名鼓励其发表观点,案例讨论时适当调整座位将扎堆的沉默同学分开,使其融入团队中,通过其他同学的带动培养沉默同学思考发言的习惯。事实证明,不愿说话不敢说话的同学,在其他同学的影响下加之刻意给他说话机会,他们会一发而不可收。

(三)激励有效且客观公正

参与式教学必须有激励措施加持。针对学生不同需求,采取有效激励措施,达到鼓励先进、鞭策后进的目的,实现全员参与。一是以平时成绩为诱因加以激励,将课堂展示、讨论发言等纳入平时成绩,同时考虑团队合作中可能出现的"搭便车"行为,设置团队成员互评关节。二是以物质奖品为诱因加以激励,在模拟听证会环节提前告知不同参与者将获得有所区别的物质奖励,虽然奖品不丰厚,但能够给同学们带领荣誉感,起到"四两拨千斤"作用。三是以集体荣誉感为诱因加以激励,案例分析采取随机组队形式,给同学之间提供更多接触机会,一人发言全队得分,无人发言全队受损,于是出现大家为集体荣誉而战的局面,课堂氛围热烈,对问题的讨论深刻全面。

三、参与式教学效果

通过多轮实施与总结,对参与式教学在设计、准备、实施、评价等环节不断进行探索与完善,从学生的课堂表现及课后反馈看,参与式教学取得了良好的教学效果。

(一)自主学习能力得以增强

大学生失去了教师、家长的严格监管很容易失控散漫,需要学会自我管理,自主学习。参与式教学通过布置任务,让同学们在课前完成各种准备工作,有助于提升学生收集资料、查阅文献、梳理文献、谋篇布局、展示表达等能力。通过同学们的课程展示,能够发现他们对待任务的认真态度和付出的努力,学生能够制作出超乎想象的精彩PPT,能够找到独特的分析问题视角,能够将听证会组织得井井有条,学生的潜能无限,才华横溢,关键是要给他们创造挖掘机会,提供展示舞台,参与式教学给了他们机会和舞台,他们会以惊喜回报。

(二)团队合作精神得到提升

在信息化时代,智能手机成了同学们时刻不离的"好伙伴",同学之间面对面的交流严重缺乏,重要表现之一是课间教室里不再沸沸扬扬而是鸦雀无声。参与式教学针对这一现实,通过环节设计旨在增加同学之间接触机会,增强团队合作意识,提升自身能力和团队成绩。通过团队成员互评对学生形成压力和约束,让学生不好意思"搭便车"。通过案例讨论发言"一荣俱荣,一损俱损"的设计,鼓励学生积极思考,踊跃表达。结果发现,团队成员成绩能够客观反映对完成任务的贡献度,课堂热烈的讨论氛围和你争我抢的发言场面体现了高度的团队荣誉感。

(三)个人能力得到锻炼

参与式教学能够锻炼学生多方面的能力,如前所述的文献利用能力、团队合作能力,还能激发学生突破自我的能力、勇于表达的能力、善于表达的能力,等等。教学过程中会发现,有些学生较为内向,他们不是没有想法,只是不敢表达,害怕在众人面前说话,自认为有社交恐惧症,并不断加以暗示。教师要善于发现这些学生,课间与他们交流,课上给他们机会,几次下来他们的自我获得感增强,表达自我的主动性大大提升。有的学生个人表现欲望较强,表达能力也很强,对他们要鼓励也要适当引导,毕竟课堂时间有限,机会有限,让他们懂得适时谦让,成人之美,学会聆听。课下教师要与他们交流,满足其表达需求。有些学生对参与式教学持消极态度,通过结对帮扶、生拉硬拽、个别谈心等多种方式鼓励其参与到教学中。学生具有不同的个性特征,差别化的能力特长,教师要因材施教,通过运用多种手段实现参与式教学"一个都不能少"。

参与式教学是翻转课堂的具体实现形式,也为课程思政提供了契机和平台,通过实施参与式教学,学生能够准确掌握并灵活运用《行政管理学》的理论,并有助于端正学生学习态度、启发学生思考、锻炼学生能力,学生受益良多,教师收获惊喜,何乐而不为呢!

作者简介:刘文花,女,硕士,天津商业大学公共管理学院讲师。

公共管理类研究生课程思政建设与优化对策研究

王雪丽　高姝岚

一、问题的提出

2016 年，习近平总书记在全国高校思想政治工作会议上的重要讲话中强调指出："高校思想政治工作关系高校培养什么样的人、如何培养人以及为谁培养人这个根本问题。要坚持把立德树人作为中心环节，把思想政治工作贯穿教育教学全过程，实现全程育人、全方位育人，努力开创我国高等教育事业发展新局面。""要用好课堂教学这个主渠道，思想政治理论课要坚持在改进中加强，提升思想政治教育亲和力和针对性，满足学生成长发展需求和期待，其他各门课都要守好一段渠、种好责任田，使各类课程与思想政治理论课同向同行，形成协同效应。"①课程思政建设序幕由此拉开。2017 年，中共中央办公厅、国务院联合印发的《关于深化教育体制机制改革的意见》中，明确指出要"健全全员育人、全过程育人、全方位育人的体制机制，充分发掘各门课程中的德育内涵，加强德育课程、思政课程"。2020 年教育部印发《高等学校课程思政建设指导纲要》（以下简称《纲要》），进一步指出要"深入挖掘各类课程和教学方式中蕴含的思想政治教育资源，让学生通过学习，掌握事物发展规律，通晓天下道理，丰富学识，增长见识，塑造品格，努力成为德智体美劳全面发展的社会主义建设者和接班人。"

---

① 《习近平在全国高校思想政治工作会议上强调：把思想政治工作贯穿教育教学全过程　开创我国高等教育事业发展新局面》，《人民日报》，2016 年 12 月 9 日。

当前课程思政教育在大、中、小学阶段已经如火如荼地开展起来了,但在研究生教育培养阶段尚处于起步探索期, 在推进力度与广度方面均落后于本科阶段。2020 年 7 月 29 日,新中国成立以来第一次全国研究生教育会议在北京召开,这是我国研究生教育史上的一个重要里程碑,全国各界对于研究生教育发展的关注达到了前所未有的高度。习近平总书记在对研究生教育工作的重要指示中特别强调,研究生教育要落实立德树人根本任务,坚持"四为"方针,即为人民服务,为中国共产党治国理政服务,为巩固和发展中国特色社会主义制度服务,为改革开放和社会主义现代化建设服务。因此对研究生的培养更要强调课程思政建设, 把思政教育切实贯穿到研究生教育培养全过程。2020 年,教育部、国家发展改革委、财政部联合印发《关于加快新时代研究生教育改革发展的意见》,(以下简称《意见》)。《意见》明确提出,要"开全开好研究生思想政治理论课,加强研究生课程思政,推出一批课程思政示范课程,选树一批课程思政教学名师和团队,建设一批课程思政教学研究示范中心"。与本科生相比,研究生是我国高等教育体系中更为高层次的人才,是推动国家经济社会发展的中坚力量,这个群体不仅要具备高水平的科研创新能力,更重要的是要有爱国情怀和舍我其谁的责任担当。然而长期以来, 我国的研究生教育主要专注于专业知识的传授和前沿理论的介绍,对研究生的价值观、道德品格、精神追求等层面的关注不够,结果导致部分研究生社会责任感和集体荣誉感缺失,于是诸如急功近利、学术造假、精致利己、悲观抑郁等现象层出不穷。因此在当前"大思政"格局下,亟须将专业知识与思政教育有机融合,把思政教育贯穿到研究生教育培养全过程,重视和加强研究生层面的课程思政建设,为国家培养和储备德才兼备的基础研究人才和高层次拔尖创新人才。

公共管理类研究生教育肩负着为党政机关、企事业单位、社会团体、非营利组织、智库机构等培养具备公共管理与公共政策分析能力的高层次专业人才的重任。因此,与其他学科研究生教育相比,公共管理类研究生培养中不仅要重视培养科学精神和创新能力,而且要注重培养公共伦理和人文情怀。全国公共管理专业学位研究生教育指导委员会发布的《公共管理硕士专业学位研究生指导性培养方案》中明确提出,公共管理硕士的培养目标是

"培养具备良好的政治思想素质和职业道德素养，掌握系统的公共管理理论、知识和方法，具备从事公共管理与公共政策分析的能力，能够综合运用管理、政治、经济、法律、现代科技等方面知识和科学研究方法解决公共管理实际问题的德才兼备的高层次、应用型、复合型公共管理专门人才。"公共管理类研究生培养目标的特殊性决定了对其教育培养要更加关注德才兼备，以德为先。因此，对公共管理类研究生课程思政建设问题进行系统思考和统筹设计，进而为提升课程思政教育效果提出可行的优化建议，就显得更加的迫切和必要。

二、公共管理类研究生课程思政建设中存在的主要问题

当前，在公共管理类研究生课程思政建设中存在的问题主要体现在如下几个方面：

（一）研究生专业课程思政元素系统挖掘不足

与其他学科相比，公共管理类研究生专业课程的思政元素相对较多，但系统性的挖掘不够。尽管目前已经出版了多部与公共管理专业有关的马工程教材，但尚有很多公共管理类研究生专业课程没有专门的马工程教材可以采用，比如《公共管理学》《公务员制度》等课程。除少部分应用了马工程教材的专业课程之外，多数教材中并没有提供用于开展思想政治教育的相关指导性内容，专业课程思政元素主要是依靠授课教师凭借自己的理解自行寻找和挖掘。在实际操作中，大部分专业课教师并不具备马克思主义相关学科背景，难以系统梳理出课程体系中可用来开展思想政治教育的资源，最终导致课程思政内容空洞、流于形式，与课程思政建设的初衷相违背。[1]此外，由于本土化的中国公共管理理论体系仍需完善，相当长的一段时期内，公共管理类研究生教育侧重于介绍和引进西方的公共管理理论，导致选用的研究生教材中外文资料占比较高，在一定程度上制约了课程思政的效果，特别

---

① 参见高珊、黄河、高国举、杜扬：《"大思政"格局下研究生"课程思政"的探索与实践》，《研究生教育研究》，2021 年第 5 期。

是如果对外文教材中的意识形态筛查不到位,还有可能形成反向作用。

(二)没有形成一体化的课程思政体系

课程思政建设的目的是要教育和引导广大学生形成正确的价值观,塑造积极向上的人格品格,因此需要统筹谋划和加强顶层设计,形成一套系统完整的思政课程与专业课程思政相融合的课程思政体系。可以说,思政课程和课程思政,是高校思想政治教育的"一体两面",在立德树人方面,二者缺一不可,唯有相互助力,方能达到最佳效果。当前,在公共管理类研究生课程思政建设中,存在思政教育与专业课程思政"两张皮"、思政教师与专业课教师缺乏沟通联系机制、各门课程各自为战、相互缺乏研讨交流等碎片化问题,没有形成一体化串联式的课程思政体系,没有将课程思政彻底融入公共管理类研究生培养各阶段、各门课程的学习过程中之中,不利于形成思想政治教育的合力。

(三)课程思政教学形式传统单一

公共管理类研究生课程思政教学形式不够灵活多样,比较传统和单一,主要以课堂讲授为主,缺少课上课下互动和更易于为学生接受的教学形式,没有起到寓教于乐、潜移默化育人的实际效果。一方面,思政元素未能与专业课程内容有机衔接,导致在专业课程中嵌入思想政治教育显得有些生硬死板,内容乏味、形式主义,无法引起学生的学习兴趣。另一方面,教师授课过程中以说服教育为主,对学生启发引导不够,没有深入践行"以学生为中心"的教育教学理念,不善于创新多种教学手段吸引学生主动思考、主动参与课程思政,无法引起学生的思想共鸣。

(四)研究生导师思政育人功能发挥不够

导师制是研究生培养的独有育人模式。研究生在学习阶段需要经常在导师指导下开展科学研究和社会实践,导师对研究生价值观塑造、精神品格培养具有十分重要的影响作用。导师长期潜移默化的熏陶可以更大程度地发挥全方位育人的思政功能。然而当前相当一部分导师对思想政治教育的职责和使命认识还很不到位,"只教书不育人",教育者演变成了"教书匠"①的情况时有出现。近年来,由于导师思政教育缺位引发的负面案例时有发生,更有甚者,由于导师自身的师德师风不正,言行举止存在问题,发表论文弄虚作假,给学生以错误导向,造成不良影响。②

(五)研究生课程思政建设效果的评价体系与监督机制相对缺位

通过建立科学有效的研究生课程思政建设效果评价体系与监督机制,可以适时了解课程思政教育实施的有效性及其对学生产生的教育影响,从而为实现课程思政的育人目标提供必要的保障。当前对任课教师是否重视课程思政建设,并愿意为此投入大量的时间和精力缺乏有力的监督手段,仍然主要以教师自我约束为主。同时,在研究生课程思政育人效果评价方面也存在缺位。由于课程思政育人效果相较于其他教育效果更具有滞后性,比如一名研究生在经过系统的专业学习和学术训练后,其科研能力会在短时间内有一个明显的提高,但是思想政治教育对研究生价值引领和思想道德素养提升的效果却不一定在短时间内能够体现出来,因此,亟须建构专门针对研究生课程思政育人成效的科学合理的评价体系和毕业后用人单位跟踪评价的后评估机制。

三、公共管理类研究生课程思政建设的优化建议

2018 年,习近平总书记在北京大学师生座谈会上的讲话中强调:"人才培养一定是育人和育才相统一的过程,而育人是本。"③因此要通过课程思政这个平台,将思政教育内容有机融入研究生人才培养全过程之中,以此确保公共管理类研究生人才培养始终沿着正确政治方向落实好立德树人根本任务。

---

① 唐德海、李枭鹰、郭新伟:《"课程思政"三问:本质、界域和实践》,《现代教育管理》,2020 年第 10 期。

② 参见崔楠、丁彤彤:《研究生课程思政体系构建的"四个维度"》,《沈阳工程学院学报(社会科学版)》,2021 年第 4 期。

③ 习近平:《在北京大学师生座谈会上的讲话》,《人民日报》,2018 年 5 月 3 日。

(一)持续不断系统挖掘课程思政元素

课程思政元素的系统挖掘是课程思政育人目标实现的基础保障。一方面,任课教师要持续不断吸纳课程思政建设新元素,及时把中国特色社会主义伟大事业的最新实践成果、马克思主义中国化的最新理论成果、哲学社会科学发展的最新学术成果,以及具有区域特点和自身特色的相关育人元素等①与专业课程内容进行有机融合,增强课程思政内容的针对性和吸引力,切实保证课程思政教育效果。另一方面,要尽快建构起中国本土的公共管理理论架构和话语体系,加快推进公共管理类研究生课程教材的马工程建设,为公共管理类课程思政建设提供方向指引和行动指南。

(二)推进一体化的课程思政体系建设

公共管理类研究生课程思政建设是一项系统工程。从教育主体来看,要探索形成研究生导师、专业课程任课教师、思政课教师、研究生辅导员四位一体的协同育人机制。从教育内容看,一方面,要进一步推动研究生思政教育与专业课程教育的同向而行和深度融合,具体可以考虑探索建立研究生课程任课教师与思政课教师联合集体备课制度,组成课程思政备课小组,建立联合挖掘课程思政元素机制,强化优化课程思政内容设计,发挥各自所长,形成合力,将思政元素潜移默化地嵌入到专业课程讲授过程中,实现"1+12"的育人效果。另一方面,要积极推动不同专业课程间在课程思政建设方面的合作与交流,通过搭建课程思政研究课题组、教学团队等多种形式平台,形成一体化串联的研究生课程思政体系,形成课程思政建设的整合合力。

(三)丰富课程思政教学形式

为了实现课程思政的培养目标,需要在丰富课程思政教学形式方面下足功夫。一方面,任课教师要对课程教学环节进行精心设计,在教学方法上

① 参见韩宪洲:《深化"课程思政"建设需要着力把握的几个关键问题》,《北京联合大学学报(人文社会科学版)》,2019年第2期。

不断改进和优化,比如可以引入案例教学和翻转课堂的教学形式,引导学生主动思考和分析问题,激发学生主动参与课堂的兴趣和动力,进而提升课程思政教育效果的感染力和可接受度。另一方面,要充分利用实践教学和第二课堂的平台,将课程思政元素植入实践教学、社会调查、公益活动、志愿服务等教学环节,让研究生在"学中做""做中学"。比如,研究生可以通过参与导师的调研项目和社会公益活动等第二课堂活动,通过实践亲身感受正能量,提升社会责任感。《高等学校课程思政建设指导纲要》中也明确提出,"高校的社会实践类课程,要注重教育和引导学生弘扬劳动精神,将'读万卷书'与'行万里路'相结合"。

(四)充分发挥研究生导师思政育人功能

2020 年教育部印发的《研究生导师指导行为准则》明确指出,"研究生导师是研究生培养的第一责任人,肩负着为国家培养高层次创新人才的重要使命。"因此,研究生导师要时刻以坚持立德树人为出发点和立足点,不但要在"导学业"上传道授业,还要在"导人生"上言传身教。习近平总书记在全国高校思想政治工作会议上强调,"教师是人类灵魂的工程师,承担着神圣使命。传道者自己首先要明道、信道。高校教师要坚持教育者先受教育,努力成为先进思想文化的传播者、党执政的坚定支持者,更好担起学生健康成长指导者和引路人的责任"。研究生导师必须要主动承担起研究生思政育人第一责任人的使命担当,自觉加强自身师德师风建设,坚持教书和育人相统一,将思政教育贯穿于研究生培养与指导全过程。

(五)建构研究生课程思政建设效果评价体系与监督机制

相对客观的评价体系和监督机制是保障研究生课程思政建设效果的必要条件,有利于推进研究生课程思政建设的科学化和规范化,增强广大任课教师开展研究生课程思政建设工作的主动性和积极性,从而形成思政教育与专业教育协同育人的强大合力。从被评价主体的角度看,研究生课程思政建设效果可以从对任课教师课程思政建设情况和课程思政教育成效两个方面进行评价。一方面,应当在学生评教体系中增加关于任课教师课程思政建设情况方面的考核指标,比如可以对任课教师在课程思政内容设计、课程思政教学方法、思政教育与专业知识点的结合度等方面进行评价,并将评价结果与教师年度考核、评优评奖、职称评定、聘岗定级等相挂钩,以此激励任课教师更加重视课程思政建设和立德树人成效。另一方面,要尽快建构研究生课程思政育人成效的专门评价体系,对在校研究生适时进行理想信念、情感态度、道德品格及价值观等方面的思想政治素养调查,并对已经毕业的研究生进行追踪访查,形成指标化的评价方案,①必要时可以考虑建立毕业后用人单位跟踪评价的后评估机制。

作者简介:王雪丽,女,博士,天津商业大学公共管理学院教授。

　　　　　高姝岚,女,天津商业大学公共管理学院研究生。

---

① 参见王茜:《"课程思政"融入研究生课程体系初探》,《研究生教育研究》,2019 年第 4 期。

第三部分

教师专业能力发展与教育技术运用

构建教学共同体:提升教师专业能力的一种途径 *

李增田 韩青

一、引言

教师是教育的第一资源,是建设高质量教育体系,实施高质量教育的根本力量。实现高等教育高质量发展是一项系统工程,关键在于提高教师的专业能力。教师专业能力内涵丰富,在不同语境下有不同解释。邓红章认为,教师专业能力是教师在遵循相关教育教学规律的前提下,运用一定的专业知识和技能开展教育教学工作,使学生获得全面发展,最终达到教育机构认可水准所体现出的个性心理特征。[1]程桦等认为,教师的专业能力既包括最基本的素质要求,如较强的学科专业能力、以学生为本的理念等,也包括高等教育进入高质量发展阶段而对教育工作者的能力构成提出的新要求。[2]胡卫平认为高校教师的教学教育能力、自我反思和发展能力以及教学设计能力构成教师的专业能力体系。[3]综合上述研究可知,教师的专业能力既包括教师的教育教学能力, 即运用一定的教学方法将教学内容传授给学生并使其

---

　* 本文为教育部首批新文科研究与改革实践项目《新文科教师专业发展能力培养路线图的研究与实践》(项目编号:2021170003）和天津市普通高等学校本科教学质量与教学改革研究计划项目《新文科建设背景下地方普通高校公共管理类—流本科专业建设研究》的阶段性成果。

　① 参见邓红章:《混合式教学教师专业能力体系建构及支持策略》,《教育评论》,2022 年第 3 期。
　② 参见程桦等:《论高校教师教学能力的基本内涵和发展机制》,《扬州大学学报（高教研究版)》,2016 年第 4 期。
　③ 参见胡卫平等:《教师专业能力发展的理论与实践》,《陕西师范大学学报（哲学社会科学版)》,2018 年第 2 期。

收益的技能,也包括就本领域进行科学研究的能力。教师专业能力事关高校教师队伍建设和人才培养质量,但我国高校提升教师专业能力的体制机制普遍不健全、不完善,导致教师专业能力发展参差不齐,难以担当教育重任。因此,本文在分析当下教师专业能力培训存在的问题的基础上,提出构建一种由多元主体参与的教学共同体,旨在通过加强高校教师间常态化、经常性的沟通交流来提升教师专业能力。

二、理论审视:教学共同体的内涵及其特征

(一)教学共同体的内涵

"共同体"(Community)一词最早出现在古希腊时期,亚里士多德提出"城邦共同体"的概念。他认为城邦作为一个共同体,其成员间有着一致目标和利益,共同体成员只有团结合作,才能实现个人利益。[1]1887年,德国哲学家和社会学家斐迪南·滕尼斯(Ferdinand Tonnies)在《共同体与社会》一书中提出"共同体"的概念,他认为共同体是建立在目标一致、利益一致、身份认同基础上的特定社会关系网,其成员与共同体有着相同的目标和利益,因而具有一致对内对外的动力,[2]从此"共同体"作为学术概念频频出现在各学术领域。随着社会的发展和学科的交叉,"共同体"的内涵越来越丰富,当研究者将其运用到教育学领域时,"教学共同体"便应运而生。英国著名教育学家杜威在《民主主义与教育》一书指出,共同参与、共同利益和相互合作、相互作用是制定教学共同体的两个标准。[3]国内学者韩松认为,教育教学共同体不仅限于高校内部由管理层构成的行政化组织,也包括高校教师间因学术兴趣和个人利益而组成的共同体。[4]乜勇指出,教学共同体是"共同体"在教育学领域的运用,其既具有共同体的基本特征,也包含教育领域中独特的元

---

① 参见王喜:《卢梭"道德共同体"思想的逻辑探微》,《社科纵横》,2017年第8期。

② 参见[德]斐迪南·滕尼斯:《共同体与社会》,林荣远译,商务印书馆,1999年,第65页。

③ 参见程亮:《学校即共同体:重返杜威的民主主义与教育》,《湖南师范大学教育科学学报》,2016年第3期。

④ 参见韩松等:《促进县域普通高中发展提升的有效路径——郑州市第一中学构建跨时空教育教学共同体实践研究》,《中国教育学刊》,2022年第3期。

素与关系,旨在加强教师间的情感关联和学术关联。[①]李志河认为,教学共同体是教师间基于一定的兴趣爱好和个人利益而建立起来的学术团队,共同体成员通过交流研讨分享学术经验和成果,教学共同体与教育环境具有相互作用的特点。[②]此外,随着信息技术的发展,"教学共同体"的外延进一步扩展,如基于互联网技术构建的线上线下交流互动教学共同体。[③]综上,本文认为,教学共同体是教师间基于共同的兴趣和需求自愿结成的小型非正式组织结构,教师间通过多元化的沟通方式,就教学和科研中遇到的或感兴趣的问题进行经常性地研讨与交流,旨在提升自身的专业能力。

(二)教学共同体的特征

在高等教育进入高质量发展阶段,信息技术快速发展,以及疫情防控常态化的背景下,与传统教学团体相比,新时代高校教学共同体具有成员目标一致性、沟通形式多样化、交流研讨常态化等特征。

具体来说,一是成员目标一致性。根据组织行为学相关理论原理,拥有共同目标是组织存在的前提和基础。教学共同体之所以能够形成并成功运行,一个重要原因便是共同体成员间有着相同的目标和学术追求,即提升自身的科研能力和教学能力。只有共同体成员拥有共同的努力目标,并愿意在其中分享自己的学术资源,积极参与相关学术活动,多元化的教学共同体才能持续运行。

二是沟通形式多样化。多元化教学共同体的优势不仅体现在多元主体的融合,还表现在沟通形式的多样且灵活,既有与校本培训相同的线下培训形式,也有以互联网为基础的线上交流方式。教学共同体成员间面对面的交流形式比较轻松,更能全面且详细地表达自己的学术观点,从而引起共鸣。

---

① 参见安富海:《信息技术支持的城乡教师教学共同体构建研究》,《电化教育研究》,2019 年第7 期。

② 参见李志河等:《新时代高校教学学术共同体的蕴意与构建》,《现代远程教育研究》,2020 年第 6 期。

③ 参见梁静:《"互联网+"背景下思想政治理论课教学共同体的构建》,《学校党建与思想教育》,2019 年第 10 期。

信息技术不但能解构传统教学共同体的僵化结构,更能赋予教学共同体弹性灵活的空间特性。[1]虚拟现实、全息影像等信息技术的运用为疫情防控常态下的正常教学研讨提供了可能。同时,信息技术及时、便捷、超越时空限制的特点,为不同高校教师间的学术沟通提供了便利,让学术信息和资源的即时共享成为可能。教学共同体将线上线下两种交流方式有机结合,有助于共同体成员随时随地地开展学术活动并交流思想。

三是交流研讨常态化。教学共同体多样化的沟通形式为其成员的常态化交流研讨提供了便利,同时,教学共同体是由多元教师以共同利益和兴趣爱好为基础而构建的,因此,经常性、常态化的交流研讨是教学共同体的本质特征。在常态化的交流研讨与思维碰撞中,共同体成员就科研和教学中存在的问题进行互动交流,从而获得相关的教学实践性知识和智慧。

三、构建动力:现实需要与内在要求

教学共同体为何会成为提升高校教师专业能力的一种途径? 这主要得益于现实需要和内在要求两方面,即当下教师专业能力培训存在的问题,以及教学共同体本身具有的重要意义。

(一)现实需要:当下教师专业能力培训存在的问题

1.学校培训效果不佳

百年大计,教育为本。教育大计,教师为本。教师是高校学校发展和人才培养的关键力量,提高人才培养质量需要不断提高教师的专业能力,然而当前高校对教师专业能力的培训存在诸多问题,难以达到培训的预期目标。具体而言,存在的主要问题有:

首先,培训内容单一,难以满足教师个性化需求。校本培训内容较笼统,操作性和实用性不强,对教师的专业化发展帮助不大。校本培训一般是由高

---

[1]　参见李志河等:《新时代高校教学学术共同体的蕴意与构建》,《现代远程教育研究》,2020年第6期。

校行政部门组织,以政策文件和基础知识为主,培训内容陈旧且侧重理论知识,忽视了对教师实践能力的培养,难以满足个性化需求,这不仅难以提升教师的专业能力,还占据了教师的时间,加重了教学负担。

其次,培训缺乏系统性和持续性。在高校不断扩招的背景下,师资队伍建设重视程度不够,导致一些教师在投入教育教学工作前并未参加系统性的培训和学习,缺乏一定的专业能力。①此外,校本培训多是按照上级要求进行组织,未形成制度化的培训体系,课程建设、教学研讨等时有时无,难以做到周期性和经常性,而间断性的培训容易使教师形成"应付"心态,最终使培训流于形式。

最后,培训较为封闭,不具有开放性。校本培训以传统授课模式进行,以讲座和集中培训为主,培训者和参与培训的教师缺乏互动,进而导致其参与积极性不高,再加上很少与其他高校进行学术交流,阻碍了高素质复合型教师的培养。此外,青年教师虽然学历高、理论基础好,但与资深教师相比,其专业能力有极大的提升空间。然而,单一的校本培训方式不利于青年教师和资深教师之间的互动,难以发挥资深教师"传帮带"的作用。

2.自主学习缺乏动力

提升教师的专业能力除了校本培训外,也离不开教师个人的学习,然而教师个人独立自主的学习也存在一些问题。

首先,教师自主学习的自觉性和主动性不足。随着高校不断扩招以及教师考核逐渐量化,高校教师普遍面临着教学工作量大、科研任务重的双重困境,在此背景下,教师缺乏拓展学习的主动性和积极性。

其次,科研能力和教学能力的提升失衡。为了评定相应的职称,一些高校教师将课题申报、发表文章、联系项目等放在工作首位,忽视了日常的教育教学工作,导致教师的教学方式单一、教学效果不佳,不利于教师专业能力的全方位发展。

最后,教师自主学习效果因个人学习方法而异。由于每个教师的学习方法和擅长领域各不相同,在缺乏沟通的情况下,教师很难全面了解自身存在

---

① 参见孙亮:《高校教师培训中教师专业化发展探析》,《河北广播电视大学学报》,2019年第2期。

的短板和弱项,从而对症下药。因此,教师独立自主的学习在很大程度上会造成教师专业能力参差不齐,不利于教师的思维拓宽和人才培养。

(二)内在要求:构建教学共同体的重要意义

1.促进教师教学能力的提升

多元化的教学共同体强调不同领域或同一领域的教师基于共同兴趣和需求自愿结成小型非正式组织,并通过经常性的研讨来提升自身专业能力。教学共同体成员在研究方向、研究领域等方面各不相同,通过头脑风暴等学术活动形式,不同学科教师的学术观点相互碰撞与融合,不仅可以擦出学术火花,还可以增加教师的学术知识,扩宽其研究思路。此外,不同的教学方法影响着学生对不同理论知识的掌握程度,高校教师的专业能力很强,但如何使学生理解并掌握所学知识,在课堂教学中受益匪浅,这是每个教师都应该着重思考的话题。通过构建教学共同体,不同专业、学科的教师可就日常教育教学中出现的教学问题进行交流研讨,共同商讨解决办法,并分享不同的教学方法和学术观点,使教学共同体中的每位成员都能获益,从而不断提高教师的教学能力。这样一种教学发展共同体实质上变成了教师进行自我学习和经验交流的共同体,对于更好地促进教师专业能力的提升具有重要意义。

2.实现教师教学互动共生

正如英国著名教育学家杜威所指出的,教学共同体成员间应该是共同参与、共同利益和相互合作、相互作用的关系。在高校的育人体系中,教师教学互动共生是高校教学功能的基本要求。[1]事物具有普遍联系性,作为教学主体,高校教师之间不是相互隔离、孤立的原子化个体,而是相互联系、相互作用的,高校教师间只有形成互惠互利的整体,教师队伍的发展才能更加科学、合理,高校人才培养的目标才能更好实现。然而由于利益多元、培训机制不健全等因素的影响,当前高校教师队伍呈现碎片化发展状态,即教师间缺乏沟通交流,各自为政,处于相互隔离、独自发展的状态,这不利于高校教师

---

[1]　参见高敏等:《基于共生理论下高校教师教学发展共同体的构建》,《河南工学院学报》,2021年第6期。

履行培养社会主义合格建设者和可靠接班人的教育职责。通过构建多元化的教学共同体，采取线上线下多元化的沟通渠道，促进不同领域、不同学科专业教师间的交流与合作，打破当前教师发展各自为政的状态，有助于实现教师教学的互动共生，为高校教师的情感性关联、业务性关联和发展性关联奠定坚实基础。

四、行动策略：教学共同体的构建

（一）构建教学共同体的基本原则

在构建多元化教学共同体、提升教师专业能力时，应坚持一些普遍性的原则，保证教学共同体符合教育目标。

一是坚持动态性原则。随着信息技术的发展，高等教育对教师专业能力的发展提出了更高要求，相互隔离的原子化个体难以满足教育高质量发展的要求。因此在构建教学共同体时，要坚持动态性的原则，符合时代要求和教师个体需求，只有这样，才能在新时代更好地整合教育资源，使高校教师团结协作实现 1+1>2 的教育效果。

二是坚持自由平等性原则。高校教学共同体的成员主要包括不同领域、不同专业学科以及不同职称的教师，因此教学共同体要发挥提升教师专业能力的作用，就要坚持自由平等原则，不按资排辈，不搞特殊化，积极促进成员间基于自身发展需要而进行平等对话和自由合作，营造浓厚的学术交流氛围。

三是坚持开放性原则。国家有界，教育无界。教学共同体要坚持开放性原则，实现跨学科、跨专业的融合交流，积极开展学术活动，加强与其他高校和企业组织的联系，从多角度增加教学共同体成员的专业能力。

（二）构建教学共同体的具体途径

1.构建多中心的主体结构

教学共同体旨在通过跨学科、跨专业教师间的学术交流研讨，来提升教师的科研能力和教学能力，因此教学共同体的成员构成尤为重要。

首先,要选好学术带头人。没有领导者的组织不是真正意义上的组织,充其量只是一盘散沙,成员凝聚力更无从谈起。学术带头人兼具领导能力和学术能力,在教学共同体中充当"同辈中的长者"角色,起到"排头兵""领头雁"的作用,在教学共同体的长期规划和短期安排、学术活动的组织和开展中发挥着重要作用。因此高校要根据自身条件,通过内部培养或人才引进等方式为教学共同体配备好学术带头人。

其次,要配备好其他共同体成员。教学共同体不仅需要学术带头人,还需要资深教师、优秀青年教师、博士或硕士研究生等人员的积极参与。不同领域和研究方向、跨专业和跨学科的人员构成有助于打破教师间各自为政的状态,从而构建多元化的教学共同个体。同时在多元化的教学共同体中,有助于共同体成员共享学术资源,取长补短,在实现共同体目标的同时促进教师个人的成长。

最后,加强与外部力量的合作。与相对优质的同类型学校组建学术共同体,有助于提升地方高校教师的专业能力水平。[①]因此,学校和学院要积极争取同类型高水平其他高校的支持,让不同高校的专家学者参与到教学共同体开展的学术活动中来,与共同体成员共同探讨学术问题,在实际活动中提升共同体成员的专业能力。

2.激励共同体成员的合作共享意识

确定好多元化教学共同体的主体结构后,如何激励共同体成员的合作贡献意识是教学共同体发展的重中之重。共同体成员的合作共享意识是构建高效教学共同体的前提和基础,只有共同体成员主动并积极地参与相关学术活动,并在其中共享学术资源,提供学术智慧,教学共同体的发展才能实现可持续。

具体而言,首先,高效管理层和教学共同体的学术带头人要及时将高等教育在新时代的新变化和新要求传达给教学共同体的每一位成员,引导教师自觉履行教书育人的职责,树立自觉提升自我教学能力和科研能力的意识,形成重视学术合作的紧迫感,从而提升其参与教学共同体相关活动的积

---

① 参见董梓献等:《构建学术共同体:地方高校科研水平的提升路径探析》,《教育观察》,2020年第29期。

极性和主动性。

其次,教学共同体举办的相关学术活动要充分考虑教师的个人需求,破除教师对培训千篇一律的刻板印象。高校教师普遍面临着完成科研项目和教学任务的双重压力,若教学共同体组织的学术活动与校本培训类似,内容偏理论且流于形式,那么这不仅浪费了教师的时间和精力,还会使教师对教学共同体产生抵触情绪,不利于教学共同体的良性发展。因此教学共同体的构建要考虑到教师的个性化需求,在学术研讨、课程建设、科研项目交流等方面具有弹性和灵活性,以充分调动共同体成员的参与积极性。

最后,给予相应的支持与奖励。适当的科研支持和教学奖励会强化教师采取行动提升自身专业能力的行为,因此,教学共同体要完善相关奖励机制,对为高校教育事业做出贡献的教师给予相应肯定和奖励,进而提升教师在教学共同体中的合作共享意识。

3.采取多元化的沟通交流方式

教学共同体的运作应以教师科研能力和教学能力的发展需要为立足点,将面对面的沟通交流方式与基于互联网技术的线上交流方式有机结合,为教学共同体成员间的学术活动提供多元化的交流渠道。

一方面,教学共同体要打破信息孤岛,实现资源共享。打破传统教师间相互隔离的状态,构建整体性信息系统,使共同体成员间建立起高效统一的信息共享机制,使跨学科、跨专业的教师间在信息共享的基础上增进了解,从而实现互促。具体来说,教学共同体要建立经常性的会面沟通机制,由学术带头人进行组织,可就某一科研项目或教学问题开展面对面的交流分享,这不仅有助于碰撞出思维的火花,还加强了成员间的认可与合作。

另一方面,充分利用互联网等信息技术。互联网等信息技术不仅改变了经济和社会运作方式,而且还从根本上改变了组织的运作。因此教学共同体要借助互联网等时代技术,充分利用远程视频、全息影像等互联网技术,将线上线下两种沟通方式有机结合,以此加强共同体成员间的资源共享,从而促进其专业能力的提升。

(三)教学共同体的运行模式

通过构建多中心的主体结构、激励共同体成员合作共享意识、采取多样化沟通交流渠道等方式构建起多元化的教学共同体之后，还要确保教学共同体能如期运行，而不是流于形式。

具体来说，首先，发现和诊断问题。当实际教学状况与所期望的教学状况出现偏差时，教学共同体可利用全息影像等可以还原真实教学情景的信息技术，将教学或科研问题产生的过程真实地展示给共同体成员，使其尽可能精准地识别机会和问题。发现问题后，需在共同体中与其他成员进一步诊断问题，确认问题的内涵和边界，界定问题的性质和特征。

其次，研究和讨论问题。当教学或科研问题的性质和特征已经清晰地展现在共同体成员面前时，当务之急是学术带头人引导共同体成员开展类似头脑风暴的活动，鼓励成员通过文字、视频、图画等多种形式表达设想，从不同角度提出多样化的解决措施，并对其进行详细分析和深入思考，通过一系列的交流、讨论和研究达成共识后，教学共同体可就此问题形成多种备选方案。

再次，模拟和验证备选方案。实践是检验真理的唯一标准，备选方案的可行性和可操作性如何，只能在实际教学活动中才能得到验证。为了选出最佳解决方案，教学共同体成员可通过面对面模拟，或借助虚拟现实等技术构建虚拟教学或科研场景，对备选方案的可行性进行验证。通过模拟确定好最佳备选方案后，共同体成员还应就备选方案中出现的偏差进行讨论、分析，以便进一步改正。

最后，实践并评价反思。将共同体成员商讨出的最佳解决方案运用于实际教学或科研场景中，根据教学对象、科研结果等的反馈对解决方案进行系统评价，并借助可视化技术将评价结果呈现给共同体成员，帮助共同体成员持续改进。此外，将在实践过程中形成的数据、案例等形成系统性的参考资料，纳入教学共同体中的特定资源库，以便共同体成员遇到类似问题时有所参考。当然，多元化教学共同的运行模式和相应措施并不仅仅局限于上述几个方面，更多创新性的方法和手段还需共同体成员在实际交流研讨中进行探索。

五、结语

在新发展阶段,中国高等教育肩负时代重任,迫切需要在新的历史起点上全面提升教师专业能力。通过构建由多元主体构成的教学共同体,多措并举激励共同体成员的合作共享意识,使不同领域、不同专业的高校教师打破孤立化状态,实现跨学科、跨高校的学术交流,从而在教学实践中不断提升自身教学能力和科研能力,这不仅能满足国家教育现代化对于创新性师资的需要,也能为造就高等教育领域的教育家、"大先生"打牢基础。

作者简介:李增田,男,博士,天津商业大学公共管理学院教授。

韩青,女,天津商业大学公共管理学院公共管理专业 2019 级硕士研究生。

高校公共管理类教师数字技术接受研究

齐艳芬

一、引言

席卷全球的数字化加速转型促使高等教育领域开展数字化改革，作为主要参与主体的教师为提升教学质量和教学效能开始接触数字技术。近几年，由于疫情等多种因素的影响，各地教育部门鼓励高校引入数字技术，加快高校向数字化转型。各地高校适应现实需求不断开展数字化教学改革，尽管目前硬件和软件环境日益成熟，且有力地支撑了教师开展大规模线上教学，但教师运用数字技术工具的意愿仍存在一定的问题。这里的教师数字技术使用意愿，主要是指教师在课堂上使用信息和通信技术(例如数字工具或软件)的意图、信念等。

学者们针对高校教师在教学中运用先进数字技术意愿的影响因素进行了较为深入的研究。根据技术接受模型，[①]教师对于技术的易用性和实用性的信念、他们自己对技术的态度是其技术接受程度的关键影响因素。有学者强调指出教育系统提供的支持和资源的重要影响。[②]有学者指出高校教师接受意愿在性别、年龄、学科差异方面并不明显，而绩效期望、社会影响、促成

---

　　①　F.P.Davis, R.P.Bagozzi, P.R.Warshaw, User Acceptance of Computer Technology: A Comparison of Two Theoretical Models. *Management Science*, No.8, 1989, p.982–1003.

　　②　R.J.Krumsvik, L.O.Jones, M.Ofstegaard, et al.Upper Secondary School Teachers' Digital Competence: Analysed by Demographic, Personal and Professional Characteristics. *Nordic Journal of Digital Literacy*, No.3, 2016, p.143–164.

条件等对其接受意愿有正向影响。①总体来讲,学者们尚未结合公共管理类专业特征及老师个体创新、心理等进行综合性考察。因此,本文的目的是通过结合专业特征和个体技术接受理论进行分析,了解教师在教学实践中接受数字技术意愿及其主要影响因素,进而提出干预措施。在我们的研究中,我们只关注综合性、应用型普通高等学校的公共管理类教师,重点分析本专业的老师们对数字技术接受的影响因素。

二、公共管理教育体系

公共管理学是一门研究公共管理实践的学科,即运用多样化方法研究公共管理组织和公共管理过程及规律的学科,其目标是促使政府组织等制定和执行公共政策、高效提供公共物品。公共管理学的理论体系主要包括几部分:公共组织理论、领导理论等管理主体理论;公共政策、公共管理法律等管理规范理论;公共人力资源管理、公共财政管理、信息资源管理等公共资源管理理论;应急管理、公共治理工具、公共部门绩效评估等公共管理技术与方法,以及公共部门改革、公共治理新模式等公共管理改革与发展理论。

公共管理学建立在当代公共部门管理实践基础上,是从管理实践中产生的新理论体系,反过来又成为指导这种实践的模式。公共管理院校的教育和培训也建立在理论与实践的基础上,为学生提供成为专业公共管理人士所需的知识和技能。在我国许多高校管理类教育体系的主要特点是双向选择制,学生在学校学习,之后可以在公共事业单位或公司管理部门实习。因此,学生不仅需要获得一般知识,还要强化训练专业知识。学生在学校学习期间,教师应注重结合公共管理的数字化加速转型趋势,学校也需要推进公共管理技术和方法方面的改革,这就需要公共管理类老师们紧跟数字化发展趋势并运用数字技术,从而提升自身数字技术能力进而提升学生数字素养与技能。在实习和工作场所中,学生面对现实多样化且动态的管理实践情

---

① 参见张犇、吴文涛:《有"束缚"的接受:基于感知风险理论的高校教师课堂应用人脸识别技术接受意愿调查》,《江苏第二师范学院学报》,2021 年 37 卷第 3 期。

况,需要具备夯实的公共管理一般理论知识和先进的管理技术与方法,还要在专业指导老师的引导下进行专业活动、发展专业技能。

由于学生处于不同的学习环境、地点会表现出不同状态,所以学生需要与不同的教育者互动,这通常会让学生感知到他们在学校所学的和他们在职场实践之间的差距。鉴于双重环境之间的这种差距,可以利用数字技术来弥合。事实上,借助数字技术,学校的教师可以与政府部门或公司内的培训老师进行交流与协作,了解各自的需求和管理实践活动,从而将专业经验带到学校或将学校管理理论和方法研究运用到实践部门,这些需要数字技术作为重要衔接工具。学校的学习和部门的管理,以及二者的互动都需要具备数字技术基础。此外,数字技术可以创造一个特定的反思空间,不同的知识和经验可以在其中整合、反思并与所有相关参与者共享。

总之,在综合性、应用型院校中,公共管理类教师在将数字技术整合到教学中所追求的普遍目标之外,为适应政府等管理部门的数字化转型,在教学中也应使用数字技术,进而促进学生校内学习与实习实践部门学习间的联通性。因此,利用数字技术提供的机会,教师需要具备在学校教学实践中使用数字设备和软件的高水平能力。

三、影响公共管理类教师数字技术接受的因素

针对综合性、应用型公共管理类教师数字技术接受研究,我们在 2021 年 12 月至 2022 年 2 月期间展开了访谈调研,访谈时间 1~2 小时,访谈对象基本情况如下表 1,其中主要报告了有关样本的所有人口统计信息。所有参与者都被告知研究的目的,并保证他们的匿名性。在访谈中主要对数字技术绩效预期、数字技术的简便设计、社会关系网络影响、个体创新意识和数字技术信念等方面收集资料后进行分析。

表 1 访谈对象情况

编号	性别	年龄(岁)	教学经验(年)
C1	男	<30	1~5
C2	女	<30	1~5
C3	男	30~39	6~10
C4	女	30~39	6~10
C5	男	40~49	≥11
C6	女	40~49	≥11
C7	男	50~59	≥11
C8	女	50~59	≥11

(一)感知有用性

感知有用性主要是指个人感觉使用技术系统对学习、工作有所帮助的程度。对公共管理类教师教学实践活动而言,是指教师预期使用数字技术对教育教学等带来帮助的有用程度。学者指出预期的绩效与个体使用意愿有正相关关系。[①]结合访谈分析,我们发现老师越相信使用数字技术可以提升教学质量和效果,其接受和使用数字技术的意愿就越高。访谈支持式例如下:

C1 说道:"原来的传统教学方式已经落后了,当前使用数字技术一定程度可以提升教育教学质量,也可以有效地衔接理论和实践,咱们应该加快数字技术学习和使用。"

C4 说道:"目前数字技术发展这么快,我们得适应这个时代发展潮流,学生们更喜欢新鲜的数字平台等其他教学方式,采纳数字技术应该有较好的教学效果,我们应该尝试,不能被时代抛弃。"

(二)感知易用性

感知易用性主要是指个人使用技术系统所需付出努力的程度。对公共管理类教师教学实践活动而言,主要是指老师预期使用技术系统所需付出

---

① 参见董姣、董建新:《开放政府数据中公民使用影响因素实证研究》,《广东行政学院学报》,2017 年第 1 期。

努力的程度，即老师们快速了解数字技术的运行和功能，并且使用起来感觉简单和便捷。学者的研究也表明感知易用性越高，人们参与和使用技术系统的意图也越高。①访谈支持式例如下：

C1 说道："数字技术其实也没有那么难掌握，有些程序和软件工具没有想象得那么难，经过一段时间培训，我很快就掌握了，感觉还挺简单，用起来比较方便。我们都可以抽时间学习和使用一下。"

C6 说道："目前数字技术是不可阻挡的趋势，学生们都擅长一些软件操作和使用，但我不擅长，我年纪不轻了，对学习一些软件和数字工具有抵触心理或者感到自己没信心，除非一些数字工具使用起来非常简单，我可能就愿意尝试使用了。"

（三）社会影响

社会影响主要指个人受周围社会群体的影响程度，换言之，个人意识到他人认为其是否应该使用技术系统的程度。学者的研究表明社会关系显著影响个体行为意图。②对公共管理类教师教学实践活动而言，社会影响主要指老师们使用数字技术是否受到领导、同事、亲戚、朋友等外界社会关系网络的影响。访谈支持式例如下：

C5 说道："我知道，学生们比较喜欢新鲜的教学方式，但我对使用数字工具没有什么兴趣，或者开始不是特别积极，但是看到其他老师都开始使用，我才愿意逐渐试着学习了一些。"

C8 说道："改变传统教学方式，使用数字技术，我觉得若我们领导和同事都开始重视而且都陆续使用，我会抽出较大精力真正学懂弄通这些新技术。"

---

① See Lopes K., Macadar M.and Luciano E., Key drivers for public value creation enhancing the adoption of electronic public services by citizens.*International Journal of Public Sector Management*, No. 5, 2019, p.546–561.

② Venkatesh V, Morris M G, Davis G B, Davis F D. User acceptance of information technology: toward a unified view.*Mis Quarterly*, No.3, 2003, p.425–478.

（四）个体因素

个体因素主要指由于个体自身个性、不同认知等独特性而导致行为取向或结果的差异。本文所指的个体因素主要包括个体创新性、数字技术信念等。个体创新性是包含个体自身个性、认知等创新性特征。学者研究指出用户创新性对采纳意愿有显著影响。[①]当个体易于接受新事物并具有较为强烈的创新性思维和相关信念、认知，将会对新技术系统有较高的采纳意愿。访谈支持式例如下：

C2 说道："全球都在进行数字化转型，我们国家也在加速发展数字技术，我比较感兴趣这些新技术，也经常关注这方面的发展；我们处在教育领域，也需要响应国家号召，适应信息社会需求，跟上时代潮流，采纳不断更新的数字技术，提升自身的数字技术能力，进而提升教学和科研效果。"

C3 说道："现在的学生们处于信息大爆炸的时代，接受数字技术等方面的能力非常强，我也比较喜欢一些功能强大和便捷的软件，新事物能激发无限创造力，我对数字技术在未来教育领域的广泛应用也非常有信心，对我自己使用不断更新的数字技术也充满期待。"

C4 说道："数字技术采纳是大势所趋，我们对它要有信心，它不仅可以运用到教学、科研中，还可以提升整体社会的数据素养，推进政府管理部门治理体系现代化，运用非常广泛，值得我们教师重点关注和学习。"

C7 说道："数字技术对我来讲，感觉驾驭能力不强，但是作为我们公共管理院校理论和实践知识结合的有效工具，我们应该使用并激励学生学习数字技术，尽管我教龄较长了，但是对于新型数字技术，我还是比较感兴趣，喜欢不断尝试；作为公共管理专业老师，面对管理的复杂性我们也需要采纳数字技术进行深度分析研究，以及在教学中依赖数字技术工具引领学生发现和解决公共管理难题。

综上，本文基于技术接受相关理论，结合综合性、应用型高校公共管理

---

① 参见陈鹤阳、谭宏利：《基于 UTAUT 和 TTF 模型的移动图书馆用户采纳行为研究》，《现代情报》，2018 年第 1 期。

教育体系特征和个体特征因素，提出和检验了教师使用数字技术意愿的主要影响因素。

四、结论与激励策略

本文基于全球数字化转型和高校教育教学数字技术需求为背景，结合公共管理学科特征和专业教师个体特征，展开公共管理类教师的数字技术使用意愿影响因素调查。

通过调研确认了公共管理类教师使用意愿产生直接或间接的影响因素,主要结论如下:

首先,研究表明感知有用性影响教师使用意愿,即针对公共管理类教师来讲,其越相信使用数字技术可以实现预期教学质量提升,就越愿意使用,这一结果与理性选择理论相一致。

其次,研究表明付出预期或者感知易用性影响接受意愿,即数字技术系统越易于使用,老师不需要较大努力,其使用意愿也就越高。

再有,研究表明社会关系网络对教师使用意愿具有影响,即教师使用数字技术容易受到学校领导激励和周围同事等社会影响，且这些外界社会影响越强烈,教师越容易使用。

最后,研究表明教师个体数字技术能力信念、创新性等也是重要影响因素。当个体自身易于接受新事物并具有较为强烈数字技术信念或相关认知,将会对新技术系统有较高的采纳意愿。

基于上述结论,本文提出系列激励策略。教育部门和高校相关教务部门展开数字技术推广宣传,通过宣传数字技术对教学质量和效果提升的有用性,以及与师生协同进步的关联性,来提升公共管理类老师们对数字技术的有用性感知;以师生需求为导向,设计简便的使用流程和相关培训课程,使数字技术利用者能快速掌握、共享与协作,消除在使用中的技术焦虑和自信缺失,提升教师的使用意愿;重视教师嵌入其中的关系网络的作用,尤其加大院级建设开放式数字技术交流与合作社区，提升学院所有任课教师的数字技术接受意愿。

另外，基于个体因素中个体创新性等与教师接受意愿的相关关系。首先，我们应健全和完善教师教学质量评估制度和数字技术使用激励机制，为教师采纳数字技术订立标准、规范技术采纳策略。其次，在推进高校数字技术系统统一建设基础上，建设满足公共管理类教师需求的技术系统，并鼓励教师通过利用数字技术，创造出学生喜爱的技术应用工具。最后，通过完善奖惩机制、反馈机制等制度，推进教师与教师之间和教师与外部的交流与合作，进而促进教师积极参与、使用及内部合作，从而提升整体教育教学质量。同时，通过老师与相关行政部门或公司管理部门协同开发和使用数字技术，弥合学校管理理论、管理技术与方法与管理实践需求之间的差距。

五、展望与不足

在教育领域进行数字化转型的背景下，教师接受、使用数字技术的重要性突显，而高校提升教学质量和效果的实现，不仅取决于高校对数字技术的积极推广，更依赖教师的积极接受和有效使用。从教师角度研究高校数字技术运用具有理论前景；激励更多教师接受和使用数字技术更具实践价值。但是由于公共管理类教师采纳数字技术还处于初步阶段，教师接受度和使用能力也有待提升，再加上人力、物力和财力等资源的限制，本文体现一定局限性：首先，在研究对象上，应需要进一步结合公共管理类教学特征和公共管理专业特征细分，并进行多层分析。其次，由于研究数据是定性访谈调查，样本规模和范围不足，应采用不同学校、不同校园文化和背景的多层次调研数据，以提高研究的严谨性与科学性。最后，综合性、应用型高校公共管理类教师接受数字技术影响因素和维度较多，本文只选取其中部分角度，其他因素有可能影响教师使用意愿，这有待未来展开更深入的研究。

作者简介：齐艳芬，女，博士，天津商业大学公共管理学院讲师。

基于学生视角的线上教学平台
可用性探索与实践
—— 以"云班课"为例

李　晨

　　随着微课、慕课等新型教学手段的普及化应用,积极整合线上线下教学资源,特别是有效利用移动终端教学平台,可以提升高校专业教学的效果,这已成为高校教师的共识。在实际教学过程中,面对种类繁多的线上教学平台,由于学生数量众多,且具有不特定性,任课教师在选择线上教学平台时,一般会基于他人推荐、学校安排和自我搜索等方式,而后再根据学生的学习效果和教学体验来修正教学过程。显然这种"预先设定+事后修正"的选择模式,由于缺乏统一的评判标准,更多依靠教师的主观推测,特别是忽略了学生作为教学主体的能动性,因此容易产生线上教学平台使用率不高、更换频繁,学生线上学习获得感差等问题。

　　为此,本文以线上教学平台的可用性作为考察重点,尝试建立以学生为评价主体的三级指标体系。与此同时,运用观察法和问卷调查法,选择"云班课"这一线上教学平台为观测对象,获得一手数据,用以验证该指标体系的实际效果和潜在问题,为创建以学生为导向的线上教学平台选择模式提供有益借鉴。

一、学生对线上教学平台可用性评价问卷的编制与施测

(一)学生对线上教学平台可用性评价问卷的编制

1.维度和指标

线上教学平台能否满足学生需求,与其软件、系统和服务等的可用性紧密相关。根据 ISO9241-11-2018:人与系统相互作用的人类工效学中第 11 部分的界定,可用性(usability)是指某一系统、产品或服务可被指定用户用于实现指定目标的程度, 由该系统、产品或服务在特定的使用环境中的有效性(effectiveness)、效率(efficiency)和满意度(satisfaction)组成。[①]

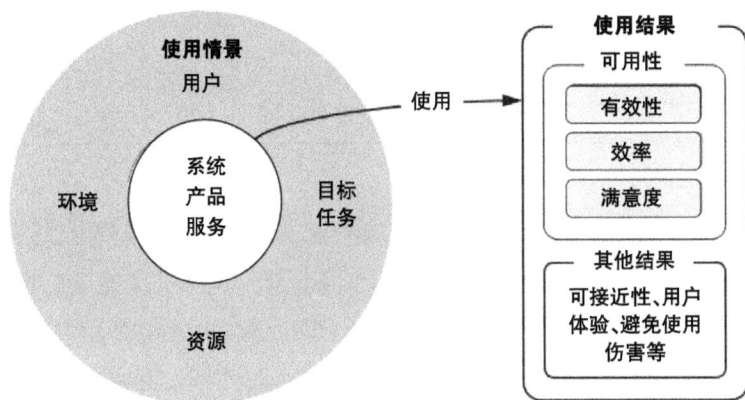

图 1　在使用环境中使用系统、产品或服务所产生的可用性

在此基础上,本文在编制问卷时,从被调查者——学生视角出发,构建了学生参与移动互联网教学的三个体验维度,即易用性、可用性和功能性。其中, 易用性对标有效性评价是指学生使用线上教学平台完成学习任务所

[①]　ISO 9241-11:2018 人机交互的人类工效学—第 11 部分:可用性:定义和概念提供了一个框架,用于理解可用性的概念,并将其应用于人们使用交互式系统、其他类型的系统(包括建筑环境)、产品(包括工业和消费产品)和服务(包括技术和个人服务)的情况。其内容包括:解释可用性是使用的结果;界定主要用语和概念;确定可用性的基本原则;以及解释可用性概念的应用。https://www.iso.org/standard/63500.html。

达到的正确度(accuracy)和完整度(completeness)。经济性对标效率评价,是指学生按照易用性标准完成学习任务所耗费的资源比率, 主要涉及时间效率(temporal efficiency)、人工效率(human efficiency)和经济效率(economic efficiency)。功能性对标满意度评价,是指学生在使用线上教学平台完成学习任务时,主观感受到的舒适度(comfort)和可接受度(acceptability)。并根据各二级指标设置观测变量,如实描述学生在线上教学过程中的实际状况。

表1　学生对线上教学平台的可用性测评指标体系

一级指标	二级指标(潜在变量)	三级指标(观测变量)
易用性	正确度 完整度	初次使用的难易程度, 操作的便捷性
经济性	时间效率 人工效率 经济效率	操作熟练程度,使用时间段,数据记录
功能性	舒适度 可接受度	数据安全性,用户成就感,学习有效性

2.问题与设计

本文采用自编问卷。问卷共由三部分组成,即基本情况部分、上网习惯部分和移动互联网学习部分。其中基本情况部分包括被调查者的性别、年级、以往学习经历等,上网习惯部分包括上网时间、上网地点和主要上网工具等,线上平台学习部分则主要以云班课为典型,分析被调查者对移动互联软件的使用体验,如操作难易程度、使用便捷性、使用效果和忠诚度等。问卷的题目类型包含封闭式、开放式和半开放式,特别值得注意的是,在封闭式题目中,本课题还设计了排序式问题,以期尽可能全面地反映出被调查者的偏好程度和态度强烈程度。

(二)学生对线上教学平台可用性评价问卷的执行

为了更好地检验学生对线上教学平台可用性的真实评价, 在发放调查问卷时, 本文结合实际教学过程, 将调查对象分为专业样本和选修样本两类,其中专业样本依托于两门专业限选课程,选修样本则以一门全校选修课为研究对象,借以发现专业、科目、课程属性等因素是否直接影响学生对线上教学平台可用性的评价。从 2021 年 9 月至 2021 年 12 月,本文借助问卷星平台,发放调查问卷共计 342 份,回收有效问卷 323 份,占问卷总数的94.4%。其中,基于专业样本的有效问卷 188 份,占本样本发放问卷总数的95.9%。基于选修样本的有效问卷 135 份,占本样本发放问卷总数的92.4%。最终,使用 spss17.0 进行数据录入和分析使用等工作。

二、学生对线上教学平台可用性评价的调查结果与分析

（一）易用性分析

显然,当首次使用线上教学平台时,便能正确、完整地掌握使用方法,学生对于该线上平台的评价便会更为积极。为此,本文针对学习和操作云班课平台的难易程度,按照由易到难依次设置了"A.非常简单;B.有小问题,但可以自己解决;C.有一定难度,但可以在别人的帮助下克服;D.非常难"这四个选项。经调查统计,全校样本和专业样本中大部分学生都认为使用云班课非常简单,全校样本中有 96 名学生持此认识,专业样本中则有 104 名学生有同样观点。特别是在全校样本中,认为操作云班课非常难的学生人数为 0,这充分体现出了云班课这一线上教学平台的易用性。

与此同时,考虑到线上教学平台的初次使用者可能会由于生疏感进而产生畏难情绪,因此这部分学生在使用云班课过程中的体验,更具代表性。本文专门设计了相关题目,试图通过不同题目之间的交叉分析,进一步探讨云班课的易用性。调查数据显示,全校和专业样本中第一次使用云班课的学生分别有 72 名和 148 名,但是否初次使用并没有成为影响云班课易用性的主要因素。在所有样本中,有 200 名学生认为云班课容易操作,其中初次使用者与非初次使用者分别为 131 人和 69 人,初次使用者的比例反而要高于非初次使用者,而且在随后的易用性评价上,初次使用者和非初次使用者也没有明显差异。但是值得注意的是,在困难程度评价上,初次使用者的比例高于非初次使用者,且专业样本中此类学生的比例高于全校样本。

究其原因,一方面与上述谈到的初次使用者对软件的生疏感有关,另一方面也与在专业样本中使用云班课更为频繁有关。由于课时安排,专业样本

的授课时长要高于全校样本,进而随着使用次数不断增加,初次使用者遭遇问题的可能性也会提高。

表2 使用者对云班课易用性的态度构成表

样本	使用情况	非常简单 (人数比例)	有小问题,但 可以自己解 决 (人数比例)	有一定难度, 但可以在别 人的帮助下 克服 (人数比例)	非常难 (人数比例)
全校样本 (135人)	初次使用	46(63.89%)	25(34.72%)	1(1.39%)	0(0%)
	非初次使用	50(79.37%)	13(20.63%)	0(0%)	0(0%)
专业样本 (188人)	初次使用	85(57.43%)	54(36.49%)	5(3.38%)	4(2.7%)
	非初次使用	19(47.5%)	20(50%)	0(0%)	1(2.5%)
总计		200(62%*)	112(35%*)	6(2%*)	5(2%*)

*标百分比为此类型学生占参与调查的全部学生的比例。

(二)经济性分析

经济性一般涉及达成特定目标的收益和成本比值,学生在使用线上教学平台学习时,总是希望以最低的人、财、物成本获得最大的学习收益,这也是高校教学引入线上教学平台的初衷之一。根据云班课平台的实际特征,本文选择了操作熟练程度、使用时间段和数据记录作为观测指标,操作越熟练,使用时间段越灵活多样,数据记录越实时简便,学生的学习成本便会降低,学习收益则相应增加。

基于云班课平台各版块的不同作用,本文要求参与调查的学生按熟练程度,对云班课中的各个版块进行排序。根据调查结果可以发现,全校样本和专业样本中学生的熟练程度评价既有相似之处,同时又存在差异,具体表现为:

首先,专业样本和全校样本中学生操作熟练程度排名第一的均为"资源"版块,这说明学生都可以熟练应用云班课学习相关课程知识。

其次,因各种活动参与方式不同,因此本文将投票问卷、提交作业、头脑风暴和测试等进行分别评分。调查数据显示,学生对于各项活动均持肯定态度,但较之以阶段性活动而言,自授课开始便始终处于开放状态的"参与答疑讨论"活动反而评分不高。本文认为,该结果验证了学习成本的降低与学习收益的增加之间存在联动关系。虽然参与答疑讨论活动持续时间长,进入门槛低,但只有获得教师点赞之后,才会有相应的经验值奖励,对比其他阶段性活动,只要参与便可获得不同程度的经验值奖励,显然后者比前者对学生更具吸引力。因此在教学设计中,评估线上教学平台的经济性,不能将成本和收益割裂开来分别考量,任一试图单纯减少成本或是增加收益的教学改进都应该考虑联动效应。

最后,根据云班课后台数据记录,两个样本的学生使用云班课线上平台的时间,除了一些线下课堂实时互动之外,不仅没有集中在特定课程的课表安排时间,也并非 18:00—24:00 这些常见课外时间,整体呈零散分布。这种灵活性极高的学习时间安排,有助于学生控制学习时间,特别是将线上学习作为线下集中学习的有益补充,部分缓解了线下学习的时空限制,因而提高了整体学习收益。与此同时,云班课线上平台如实记录了每一名学生的学习轨迹,既包括学生学习活动的具体时间、参与度等,还可以实时变更学生所处的学习状态,动态跟踪,极大节省了学生进行自我记录的时间和精力。

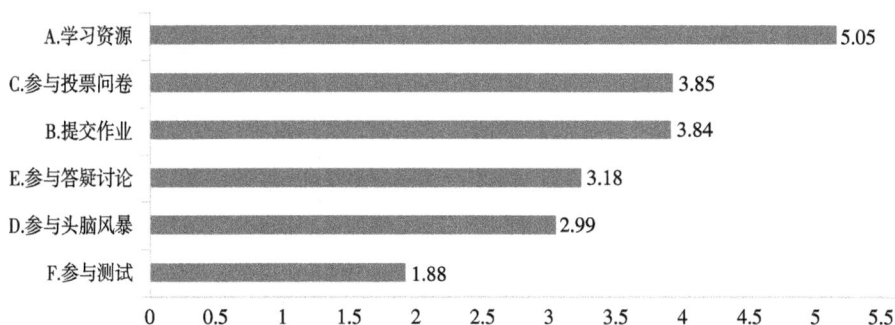

图2 (全校样本)学生使用各功能的熟练程度构成图

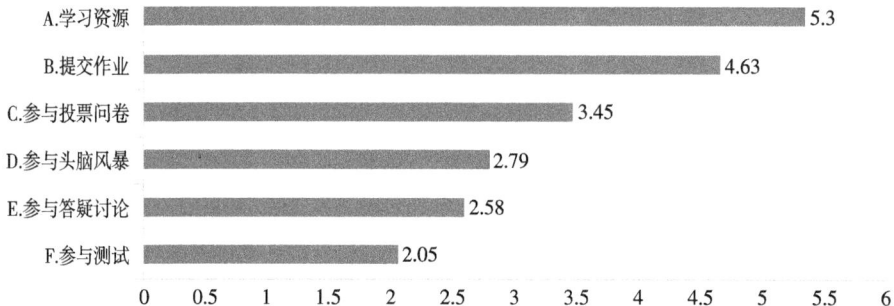

图3   (专业样本)学生使用各功能的熟练程度构成图

(三)功能性分析

学生使用线上教学平台的功能性由舒适度和可接受度两部分组成,舒适度涉及学生在该线上平台所营造的环境中进行学习时,所产生的总体感觉,侧重视觉、听觉和触觉等感官体验,可接受度则反映了学生对线上学习平台的认可程度,在很大程度上取决于学生的心理感受。

考虑到舒适度与易用性之间紧密相关,结合之前的易用性调查结果,可以判断学生对于云班课这一线上教学平台的舒适体验较好。在此基础上,本文又选择了数据安全性作为附加观测指标。就学生而言,在云班课平台上所涉及的数据主要有两类,即学习数据和个人资料。综合两个样本的调查数据,可以发现较之以个人资料,学生更关注学习数据安全性,全校和专业样本中分别有 42.22%和 60.11%最担心提交信息不成功。那么有趣的问题便是,为何同属课程资料,学生会更关注提交信息的成功与否,而不担心账号和密码安全呢?本文认为这可能与数据安全的救济途径紧密相关。账号和密码安全虽然事关学生对整个平台的使用,且一旦遗失,学生之前的学习成果将不复存在。但云班课平台设置有后台找回功能,学生可以通过预留手机或联系公司技术人员,重新获得账号和密码,此时之前的学习成果也同时保留。可一旦出现信息提交不成功情况,那么即使不会影响其他功能的使用,却无法再参与该活动,获取经验值,这对于学生而言,其后果是不可逆的。

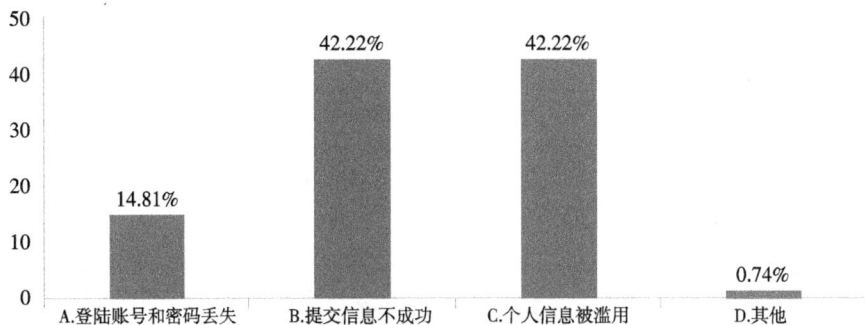

图4 （全校样本）学生对数据安全的评价图

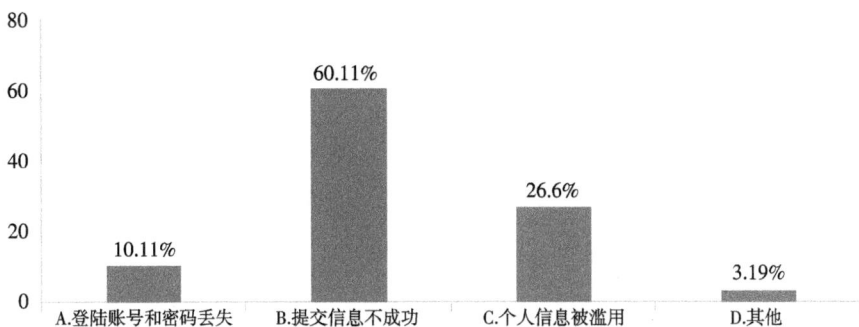

图5 （专业样本）学生对数据安全的评价图

关于学生是否认可线上教学平台,即可接受度,本文主要从软件评价和成就感体验进行分析。

首先,在软件评价上调查结果显示,学生对于采用线上平台辅助教学的满意度较高,两个样本中6成以上学生都认为通过云班课的教学辅助以及课堂讲解,能够比较全面地掌握这门课的主要内容和学习重点。

其次,根据归因理论,如果学生可以将学业成功归因于内在因素,学习失败归因于外在不稳定因素,则更容易激发积极的学习动机。[①]

调查结果显示,在解释经验排名时,两个样本一共有196人认为自身努力决定了最终的经验值排名,占所有参加调查人数的61%。而外界因素,如教师评价、其他同学的表现等等,合计仅占34%。特别值得注意的是,满意自

① 参见王大顺、张彦军主编:《发展与教育心理学》,陕西师范大学出版总社有限公司,2015年,第244页。

身经验值且进行自我归因的学生人数最多,两个样本共有 104 人,其次是不满意自身经验值且进行自我归因的学生,共有 92 人,排名第三的是不满意自身经验值且进行外部归因,特别是教师评价的学生人数共有 42 人。这些调查结果说明,云班课通过实时记录、即时公开学生学习情况,可以引导学生合理归因,进而强化其学习动机。

表3　学生在使用云班课中的成就体验构成表

样本	满意度	教师评价 (人数比例)	自身努力 (人数比例)	其他同学的 表现 (人数比例)	其他(人 数比例)	人数 小计
全校 样本 (135 人)	满意	17(21.52%)	58(73.42%)	3(3.8%)	1(1.27%)	79
	不满意	17(30.36%)	30(53.57%)	7(12.5%)	2(3.57%)	56
会展 样本 (188 人)	满意	13(17.57%)	46(62.16%)	12(16.22%)	3(4.05%)	74
	不满意	25(21.93%)	62(54.39%)	18(15.79%)	9(7.89%)	114
总计		72(22%*)	196(61%*)	40(12%*)	15(5%*)	

*标百分比为此类型学生占参与调查的全部学生的比例。

三、调查结论

根据本文的调查结果,学生对线上教学平台的可用性呈积极评价,普遍认为以云班课为典型的线上教学平台基本满足了易用性、经济性和功能性要求,专业、年级、课程属性等并不会导致学生可用性评价出现显著差异。由此可见,作为信息社会的"原住民",当代大学生对线上教学平台具有天然的亲近感,这为教师选择线上教学平台提供了极大便利。从另一个侧面也说明,"预先设定+事后修正"的选择模式之所以可行,主要得益于大学生群体普遍信息素养较高,反之,针对其他信息素养亟待加强的群体,如老年人等,这一选择模式的实际运行可能会遭受阻力。

此外,结合线上教学平台可用性的教学实践,也发现了一些值得注意的问题。

首先,在易用性层面,掌握线上教学平台的基础操作往往比较简单,但进阶操作与组合操作却会提高操作难度,影响学生使用线上教学平台的完

整性。特别是当执行较为复杂的教学任务时,线上教学平台的易用性评价便
会降低。

其次,在经济性层面,使用时间灵活且可实时记录学习数据,突破线下
教学的时空限制,是线上教学平台降低学生学习成本的最大优势。但是这种
经济性更集中于个体,对于自主互动学习如学生与学生分享学习上,还亟待
加强。

最后,在功能性层面上,学生对于线上教学平台的舒适度和可接受度普
遍持正面评价,这不仅来源于教师对于课程的周密设计,还与学生之间的学
习成果比较、线上教学平台开发商的日常维护等密不可分。

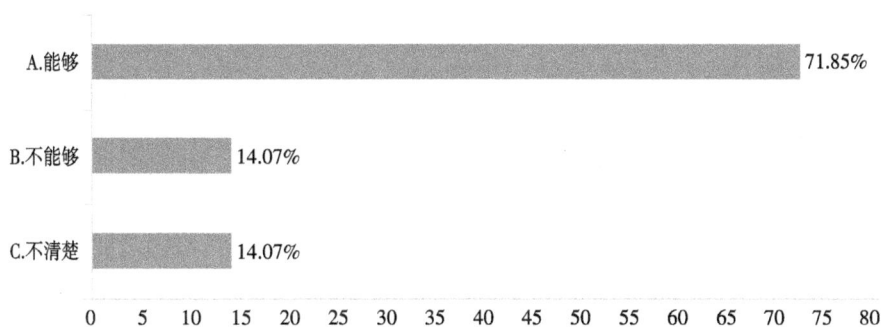

图6 (全校样本)学生对授课效果的评价图

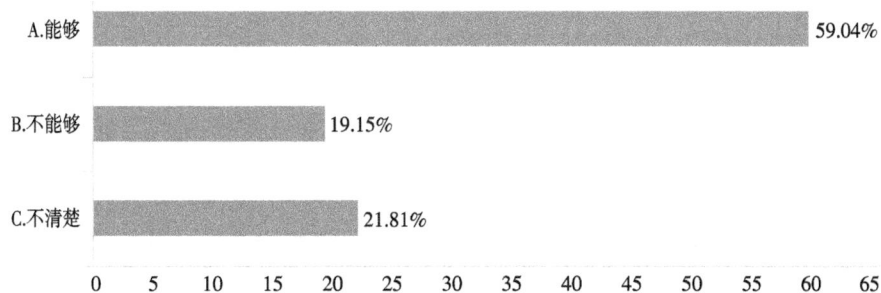

图7 (专业样本)学生对授课效果的评价图

四、提升线上教学平台可用性的建议：基于学生的视角

为了进一步完善线上教学平台的选择模式,切实考虑学生需求,提升平台可用性,本文认为,可以从如下三个方面进行完善。

第一,进一步完善课程设计,推动线上与线下教学的有机结合。当代大学生群体的整体特征和学习习惯决定了在选择线上教学平台时,应将线上教学安排和课程整体设计作为工作重点。无论哪一种线上教学平台,能否发挥其积极功效,主要依赖于其和线下教学的融合程度,以及结合课程整体设计需要,灵活发挥超时空性、虚拟性等优势。

第二,多方合力,积极参与,共同实现线上教学。从课堂教学来看,传统线下教学的主体主要有教师、学生、教学管理人员等。引入线上教学平台后,不仅原有的教学主体继续发挥作用,一些新的教学主体,如线上教学平台开发商也开始进入课堂教学,他们所提供的维护服务是实现课堂教学的必要部分。学生开始从传统线下教学知识获得者,逐步转换角色定位,开始成为知识分享者。因此,必须充分调动各个教学主体的积极性,才能不断提升线上教学平台的可用性。

第三,开发多元评价体系,从学习评价(Assessment of Learning)转化为学习性评价(Assessment as Learning)。"学习性评价是指教师用评估过程来帮助学生学习的方式。学习性评价与学习评价不同,学习性评价是总结性过程,在这个过程中,要测试学生学习过的内容。"[1]当前,以成果导向教学(Outcomes-based Education,以下简称OBE)为典型的高校教学改革正在如火如荼进行,对标OBE各项要求,线上教学平台不能仅仅作为学习数据的忠实记录者,更应该突出对学生的形成性反馈,即说明在本课程中,哪些要求学生已经完成,哪些要求还需进一步做出努力。并且通过多科目多学期的数据沉淀与信息综合,助力学生达成培养目标。

作者简介:李晨,女,天津商业大学公共管理学院教师。

---

[1]　[英]麦克·格尔森:《如何在课堂中使用差异化教学》,刘雪、刘白玉译,中国青年出版社,2019年,第118~119页。

第四部分

协同育人机制建设与学生学习体验

基于场域融合视角的高校思想政治教育协同执行机制优化研究

李勇军

一、问题提出

党的十八大以来,针对新时代思想政治教育面临的特点,我国高度重视高校思想政治教育工作,出台了一系列的政策。中共中央、国务院联合发文的政策有《关于进一步加强和改进新形势下高校宣传思想工作的意见》(2015年)、《关于加强和改进新形势下高校思想政治工作的意见》(2017年)、《关于深化新时代学校思想政治理论课改革创新的若干意见》(2019年),中共中央出台的政策有《中国共产党普通高等学校基层组织工作条例》(2021年),教育联合其他部门发文的政策有《关于加快构建高校思想政治工作体系的意见》(2020年)、《关于加快新时代研究生教育改革发展的意见》(2020年)、《关于进一步严格规范学位与研究生教育质量管理的若干意见》(2020年),教育单独发文的有《关于全面深化课程改革落实立德树人根本任务的意见》(2014年)、《普通高等学校学生党建工作标准》(2017年)、《普通高等学校辅导员队伍建设规定》(2017年)、《高等学校课程思政建设指导纲要》(2020年)、《新时代高等学校思想政治理论课教师队伍建设规定》(2020年)。其中《关于加强和改进新形势下高校思想政治工作的意见》明确了新形势下高校思想政治教育的指导思想、原则和原则,并从组织领导、师资队伍、学科教学、课程建设、日常管理等方面进行了顶层设计、统筹规划和制度安排。其他政策涉及课程改革、教师和辅导员队伍建设、工作体系建设、宣传思想工作指导、党建和组织工作,强化了研究生思想政治教育要求,并从学术与思想道德方面强化了学位规范要求。 由此可以看出新时代以来，高校思想政治教育政策制定的两个突出特点。一是政策顶层设计强、布局全面，具有政策群效应。二是政策联合发文增加、编制细密、配套性强。这说明，新时代高校思想政治教育政策顶层设计过程中，已经充分考虑到政策可操作与可执行问题。不过从政策学原理看，政策自身的合理性只是影响政策执行一个因素，政策问题的复杂性、政策以外的因素等都会影响到政策执行。在实际的执行过程中，政策在自上而下和自下而上的推进与响应的过程中，会形成特定的执行场域。

场域是布迪厄提出的一个重要分析范式，在分析多元行动者复杂的行为、利益、权力、话语等方面，场域理论很有特色。因此，一些学者也将场域理论引入高校思想政治教育和政策过程研究领域。例如，赵婧（2018）运用场域理论分析了高校思想政治教育现实缺陷和未来走向[1]，邢盈盈（2019）探讨了高校思想政治教育场域分离和融合的意义[2]，赵渊探讨了高校思想政治工作场域构建原则与策略[3]。结合学界对场域的定义，本文认为所谓高校思想政治教育场域是指由教育管理部门、高校及其相关人员、大学生等行动者围绕思想政治教育执行过程所形成的相关关系网络，及其所表现的各种力量与因素交往作用场景、时空形态或作用领域。因此对于其执行的分析既要细化到具体场域，又要避免场域过度分离，需要从场域融合的角度予以分析。同时考虑到高校思想教育执行存在的场域融合性不强、场域执行频率错位、教育教学课程存在学科壁垒[4]等问题，需要从场域融合角度特别关注协同执行机制优化问题。

---

① 参见赵婧：《场域转换阈下的高校思想政治教育研究》，《思想政治工作研究》，2018 年第 11 期。

② 参见邢盈盈：《论高校思想政治教育场域的分离和与融合》，《喀什大学学报》，2019 年第 2 期。

③ 参见赵渊：《高校思想政治工作场域建构的原则与策略》，《思想教育研究》，2013 年第 5 期。

④ 参见艾楚君、焦浩源：《试论高校思想政治教育协同机制的构建》，《思想教育研究》，2013 年第 5 期。

二、组织场域融合与思政教育协同执行机制优化

就大学组织场域的外部关系而言，涉及与上级党委和教育主管部门之间的管理关系、与外部企事业单位，以及家庭等外部利益关涉关系。外部关系行为主体主要通过强制性、契约性和关涉性影响途径施加作用。从组织场域融合的角度说，新时代需要充分发挥党政组织优势，整合科层、市场和社会组织力量，形成党委领导、政府指导、社会支持、上下互动、内外联动的思想政治教育治理大格局，为高校思想政治教育提供良好的外部组织环境和支持。

从协同执行机制优化的角度说，第一，各级党委和政府在落实中央思想政治工作要求的过程中，需要建立思想政治教育政策协同设计和规划机制。这就要求在政策过程中建立联席会议、议事协调、联合督查或评价等机制或平台，充分发挥民主协商、座谈会等决策参与机制的作用，强化协同原则和协同育人政策内容，积极组织高校思想政治教育工作或能力提升规划。尤其是要充分发挥省市两级政府的作用，建立省市两级思想政治教育协同推进机制，推动地方党政组织和高校协同育人实践与创新，并将成功经验抽象为政策内容。

第二，在协同推进框架下，充分发挥理论和实践工作者自组织力量，推进理论协同生产机制的形成，搭建各种学习平台并建立以学分、考评奖惩为基础的学习机制。

第三，在协同推进框架下，充分发挥党政组织动员优势，推进高校与企事业单位、博物馆、红色教育基地等形成合作平台或机制，并提供政策支持。

第四，要形成以主体责任、政策落实细化保障、层层督查为基础的政策落实机制。

就大学组织内部而言，存在党政组织及其职能机构、党团组织、学生社团组织、学校层和院系层组织等复杂组织结构，存在党委政治领导权、行政系统行政权、学术组织及成员的学术自治权、教职工自由裁量和自主管理权、学生组织的自主管理权等复杂的权力运行结构。

从组织场域融合的角度说,首先要在学校党委领导的基础上,重视思想政治教育议事协调机构的作用,建立相应领导小组,明确其职能并由学校高位领导和相关职能与院系部门领导人员组成,确定其会议制度以及协同与落实人员构成,充分发挥其在学校思想政治教育专项规划或计划制定、学校思想政治工作内外联动过程的议事协调作用。在此基础上,构建党委工作和行政工作协同机制,构建党委统一领导、党政齐抓共管、多方参与协调的思想政治工作网络机制。

其次,处理好党委领导权和行政管理权与教师、学生自主管理权的关系,充分发挥教师和学生自组织机制的作用,鼓励思政教师和课程思政教师搭建协同育人组织平台、专业教师和辅导员形成班级协同育人组织平台、党团组织与学生正式或非正式组织间形成协同育人组织平台。第三,充分处理好院系组织和学校职能组织之间关系,调动院系组织在思想政治教育工作的组织积极性,鼓励院系组织与校外组织、家庭之间创立或搭建协同育人平台或机制。

三、理论与实践场域融合与思想政治教育协同执行机制优化

习近平总书记在全国高校思想政治工作会议上指出,思想政治工作从根本上说是做人的工作,要坚持不懈传播马克思主义科学理论,抓好马克思主义理论教育。因此,高校思想政治教育离不开理论育人化人。根据《中共中央国务院关于加强和改进新形势下高校思想政治工作的意见》,新时代大学生思想政治教育内容主要包括思想理论和价值引领、哲学社会科学育人功能发挥、课堂教学和各类思想文化阵地建设管理构成。习近平总书记也指出,要重视实践育人,坚持教育同生产劳动和社会实践相结合,广泛开展各类社会实践,让学生在亲身参与中认识国情、了解社会,受教育、长才干。理论与实践的统一是马克思主义的一个最基本原则。改革开放特别是党的十三届四中全会以来,大学生社会实践不断加强,推行社会实践学分制,取得了一定的效果,但是在执行中也存在流于形式和表面的问题。

从理论与实践育人的角度说,高校思政需要通过"讲好中国故事、讲好

高校和身边故事,讲好专业故事,讲好实践故事"等实现立德树人的教育目的,需要构建"课堂场域""高校大思政场景""社会时空场景"实现微观、中观和宏观思政理论与实践协同育人场域系统。这就要求高校建立理论与实践育协同机制,提升执行人员理论与实践协同育人意识、能力和水平,搭建相关平台或载体。从协同执行角度说,具体可以从如下角度予以优化:

(1)建立思政课程和课程思政课程统筹安排机制,实现教学功能差异化定位,避免执行内容和频率存在错位问题。尤其是课程思政一定要结合专业课内容和特点精心设计,避免强行或生硬嵌入思政课程内容的情况。例如,解剖学课程,可以结合中华医学史讲好历史名医的故事,结合校史校情,讲好学校解剖学家医者人心的故事,结合不良事件,讲好医疗底线故事,结合医学人文,讲好遗体捐献故事。

(2)优化学分机制,人文学科增加科学素养培育,理工科增加人文素养培育。

(3)鼓励"场景"嵌入教学机制。借助现代虚拟和信息技术,改革教学技术与手段,通过"场景"营造的手段在理论教学过程中嵌入历史、时代或生活场景,真正的让思政效果入心、入脑、入行,实现理论育人和实践育人协同。

(4)通过强化社会实践学分、拓展社会实践基地、优化实践项目管理等提升社会实践管理机制,实现理论育人和实践育人相结合。可以通过通识教育实践、新时代社会认知实践、革命和时代精神认知实践、社会调查实践等强化理想信念教育,通过"校地共建、校企建"等拓展专业和就业实践基地,通过假期主题社会实践活动、支教平台、"三下乡"活动等丰富社会实践载体,通过加强领导、齐抓共管、学分和项目制度保障、激励强化等形成社会实践育人长效机制,通过专项经费、校企校地共建等形成社会实践投入保障机制。

四、现实与虚拟场域融合与思政教育协同执行机制优化

信息、虚拟仿真等技术的发展将世界划分为现实的生活世界和网络的虚拟世界,由此形成不同行为和话语逻辑与作用方式,形成不同的时空塑造和作用方式。随着各大学不断积极推进思政线上线下融合教学,采用新媒体

宣传和管理方式,营造各种社交平台,大学生思想政治教育也分化为现实与虚拟场域。前者以线下课程、线下面对面教育为主要场景,教育者相对处于主导地位,被教育者相对处于被动地位,更容易感受到话语者心理和情绪,互动性相对差。而后者话语主体之间相对平等,话语内容往往可保存和再使用,互动性强且更为灵活,更不易把握话语者的心理和情绪。

从现实与虚拟场域融合的角度说,要求学校充分运用"融思维"实现现实和虚拟场域融合的有效协同管控,要求执行人员不仅要掌握面对面的话语逻辑与技术,而且要掌握网络虚拟话语逻辑与技术。具体可以从如下角度予以优化:

(1)存在与增量、理论与实践、线上与线下、课堂与课下为协同内容体系建设基础,构建现实与虚拟思政协同内容管理机制。由学校思想政治教育议事协调机构予以统一协调和组织,形成专项指导意见并进行合理管控。

(2)以课程和专项教研项目建设为,以科学考评为抓手,建立合理进入退出机制,推动全程媒体与全过程育人、全息媒体与全方位育人、全员媒体与全员育人协同建设。

(3)构建学校层面的思政教育网络集成化平台,形成学校层面的网络评价与反馈机制,将网络教育效果纳入相关执行人员的工作绩效,将学生相关学习行为结果纳入学生成绩考核范围。

五、学习和生活场域融合与思政协同执行机制优化

从学生的角度说,以课堂、讲座等为主的学习场域,显性教育特征相对明显,而以日常生活为主的生活场域,隐性教育特征相对明显。思想教育需要旗帜鲜明、理直气壮地进行显性教育,也需要通过润物无声、潜移默化地进行隐性教育。前者将思想政治理论、历史文化知识、职业伦理、人文素养和科学精神等通过课程主渠道等直接传递给学生,而后者将思想政治教育因素与学生日常生活场景相联系,通过学生体验、感悟等隐性方式影响学生,前者强调理论宏大叙事,后者强调个人感性体悟,前者强调理论灌输,后者强调生活实践关照,前者强调理想人格塑造,后者强调个性差异关怀。

从学习和生活场域的融合的角度说，要求学校不断拓展学生思政教育的学习和生活空间，促进显性和隐性教育相结合，精心构建学校、家庭、社会三位一体的育人体系和空间，要求执行人员既要掌握显性教育技术和手段，也要掌握隐性教育技术和手段。具体可以从如下途径予以完善：

（1）整合校内外物质、精神和制度文化资源，构建各方参与校园文化协同机制，充分发挥文化浸润、感染、熏陶作用。一是充分发挥辅导员、班主任、学业导师等的协同育人积极性和主动性，形成良好的班风、学风和校风，营造良好的宿舍文化。二是建设文化景观、学校展览馆、育人馆、荣誉室、学术走廊、学生服务中心等校园文化基础设施，为学生活动提供空间的同时充分展示文化理念。三是以中国特色文化、地区特色文化、学校特色文化、时代精神等基础打造特色文化活动项目。

（2）构建学业、就业创业导师制，构建家校互动机制，校友联谊制、学业互助制、心理辅导机制，为学生多元化需求提供及时、有效的服务，并在服务中感受到学校的人文关怀。

（3）构建由大学生学业成绩、社会实践表现、诚信纪录、荣誉殿堂等内容构成的成长档案制度，为协同育人提供需求导向机制。

（4）支持渗透式、陶冶式、开放式教育实践创新，强化显性教育中隐性教育作用，构建融通线上线下、学习与生活于一体的新型空间形态。

六、结语

思想政治教育政策执行体现在两个结构上：一是"中央—省部级—基层院校"的纵向传递与执行结构。[①]二是，基于基层院校内外关系所形成横向执行结构，尤其是基于具体场域所形成场域执行结构。从纵向结构上看，高层重视为政策具体化、合理化和执行提供了动力支持，政策上下协同非常重

---

①　参见蒙慧、武小兵：《党的十八大以来思想政治教育政策执行的模式创新——以中发〔2016〕31 号文件为中心的考察》，《山东行政学院学报》，2021 年第 5 期。

要,组织场域融合角度有助于上下协同机制优化。从横向结构看,协同育人需要具有大思政观,需要格外关注理论与实践、现实与虚拟、学习与生活层面的场域融合角度的协同机制优化问题。从国家政策层面看,在考虑到总体布局、政策群效应的同时,要在政策制定关注政策配套、政策协同问题,实现政策制定与执行的良性互动。并且,未来政策布局可结合场域融合特点将地方尤其是高校协同执行机制抽象为指导意见。从省市政府与基层院校的角度看,需要具有场域融合思维、协同治理思维,不断创新协同执行机制,以提升政策执行组织力和执行力。

作者简介:李勇军,男,博士,天津商业大学公共管理学院教授。

基于 KANO—IPA 模型的高校学生
学习体验研究

杜凤霞

一、引言

我国高等教育正从以规模扩张为特征的外延式发展转向以质量提升为核心的内涵式发展。2017 年教育部在《高校思想政治工作质量提升工程实施纲要》中提出"十大育人体系"，紧接着在 2018 年发布的《关于开展"三全育人"综合改革试点工作的通知》文件中提出了"三全育人"的概念。"三全育人"即全员育人、全程育人、全方位育人。"三全育人"综合改革既是对当下育人项目、载体、资源的整合，更是对长远育人格局、体系、标准的重新建构。本文基于"三全育人"理念，根据"十大育人体系"设计调查问卷，分析新生入学后一个月之内的学习体验，得到新生对学校软件和硬件的体验满意度，为教学管理提供借鉴。

二、文献综述

传统认知中对学生满意度的考察停留在教师课堂教学质量方面，即认为当教学质量属性满足时，学生就会满意；质量属性不满足时，学生就不会满意。但是单维度的教学质量认知并不能充分说明学生的偏好和评价①，根

---

① 谢碧荣：《高校体育教学质量评价数学模型的应用研究》，《沧州师范专科学校学报》，2011 年第 3 期。

据赫茨伯格双因素理论,学生入学前的期望、入学后学校的各项管理和服务也是影响学生学习体验的重要因素。国外进行大学教学质量监测的重要手段是学习体验调查,成熟的调查工具包括课程体验问卷(CEQ)和全国学生调查(NSS)①。狩野纪昭(Noriaki Kano)教授于1984年提出了用于产品质量研发KANO模型,建立起对质量属性满足状况和客户满意程度的二维度认知,有助于有效理解顾客对产品和服务质量特征的差异化需求。王海宇以师资、环境、课程、行政四大类的21个质量要素作为主要研究对象,通过调查问卷实现了各质量要素的下KANO归类,确定了某高校学生对教学质量各要素的优先发展顺序。②任丽平等通过KANO模型从教师层面了解课堂教学质量的30项教学需求中感情承诺、职业理想和科研奖励是教师教学需求的魅力质量要素,从而有助于高校管理人员有针对性关注教师教学需求。③谌丹、周洁如选择了有关学生个人发展、知识获取及能力提升、校园生活、后勤服务及管理、娱乐及健康等方面的16个指标进行实证研究,验证了KANO分类与学生感知重要性之间的相关性。④

三、调查分析

(一)指标体系构建

本文根据十大育人体系,即课程、科研、实践、文化、网络、心理、管理、服务、资助、组织的要求,结合谌丹、周洁如⑤和本专业的实际情况以及专业评估的相关指标要求,确定了学生学习体验的七维度22个测量指标,即价值

---

① 参见徐上:《大学生课程学习体验调查研究》,湖南大学,2019硕士研究生毕业论文,第6页。

② 参见王海宇:《高校教学质量属性分类及应用研究——基于KANO模型》,《现代商贸工业》,2014年第19期。

③ 参见任丽平、张晓敏、官兰芳等:《基于KANO模型的高校教师课堂教学质量影响因素分析》,《中国高等医学教育》,2018年第6期。

④ 参见谌丹、周洁如:《中国高等教育顾客满意度研究——KANO模型在高等教育领域的应用》,《长春理工大学学报》,2011年第2期。

⑤ 谌丹、周洁如:《中国高等教育顾客满意度研究——KANO模型在高等教育领域的应用》,《长春理工大学学报》,2011年第2期。

塑造、知识获取与能力提升、学生个人发展、服务社会、校园生活、娱乐与健康、后勤服务如表 1 所示。

表 1　学习体验测量指标体系

维度	二级指标
学生个人发展	(1)学生就业前景
	(2)知名学者
	(3)海外交流机会
价值塑造	(1)专任教师
	(2)校园文化
	(3)学生工作
知识获取及能力提升	(1)教学楼及教学设备
	(2)机房及实验室设备
	(3)图书馆
	(4)网络质量
校园生活	(1)行政管理工作
	(2)财政帮助
	(3)校园内部交通及治安状况
后勤服务及管理	(1)住宿条件
	(2)食堂饭菜质量
	(3)食堂员工服务态度
娱乐与健康	(1)娱乐及体育锻炼设施
	(2)竞赛、晚会等娱乐活动
	(3)心理咨询服务
服务社会	(1)社会实践(公益组织)
	(2)社区实践
	(3)专业实习

(二)问卷设计与发放

本问卷参考帕拉苏拉曼(Parasuraman)、莱特汉莫尔(Zeithaml)与白瑞(Berry)提出的服务质量模式五大层面的衡量服务质量(SERVQUAL),模型中的维度和量表设计,结合专家建议编制《学习体验调查问卷》。问卷包括两部分，基本信息和 KANO 模型调查表,KANO 模型调查表包括 22 个观测指标,按照 KANO 理论进行正反面调查,问卷回答方式采用李克特(Likert)五点尺度计分,1 是不喜欢,2 是可以忍受,3 是无所谓,4 是理所应当,5 是喜欢。问卷采用匿名形式填写,以本专业新生为调查对象,共回收问卷 92 份,有效问卷 92 份,有效率 100%。

(三)数据处理与分析

1. 问卷信效度分析

问卷收回后,运用问卷研究(SPSSAU)进行题总相关法和 T 检验进行项目分析，均达显著水平（p<0.05），保留全部题目进行分析。利用克隆巴赫(Cronbach´sα)系数作为检验各分量表及总量表的信度,问卷正向题的 α 系数为 0.944;反向题 α 系数为 0.971,问卷总信度为 0.9,结果显示该问卷内部一致性较高。

表 2　问卷信度分析

量表	Cronbach's α 系数
KANO 问卷总体信度	0.900
正向问题量表信度	0.944
反向问题量表信度	0.971
IPA 分析问卷总体信度	0.959
重要度信度	0.966
满意度信度	0.950

2.属性归类与满意度计算

KANO 模型通常采用问卷调查方式对各种不同的质量要素进行归类,通过问卷分别从正向和反向取得顾客对某质量要素具备或缺乏情况下的感受,以大多数人(频数最高)的看法作为分类依据,对照表。

3.明确该质量要素的归类

表 3　KANO 模型质量属性分类表

功能 / 服务		负向题				
		不喜欢	能忍受	无所谓	理应如此	喜欢
正向题	不喜欢	Q	R	R	R	R
	能忍受	M	I	I	I	R
	无所谓	M	I	I	I	R
	理应如此	M	I	I	I	R
	喜欢	O	A	A	A	Q

注:A:魅力属性,O:期望属性,M:必备属性,I:无差异属性,R:反向属性,Q:可疑属性。

仅从各质量要素的归类上无法看出对学习体验的影响,即某质量要素具备时对学习体验的提高效果以及该要素从不具备到具备时对消除学习体验不满的效果。因此,根据梅茨勒(Matzler)等提出的顾客满意度指数概念计算某项质量因素的满意度和重要程度:

满意系数=(A+O)/(A+O+M+I)

消除不满意系数=−(O+M)/(A+O+M+I)

经计算,22 项指标中,6 项为魅力属性,15 项属性为期望属性,1 项为无差异属性,计算结果如表 4 所示。

表 4　学习体验 KANO 模型属性分类

功能 / 服务	A	O	M	I	R	Q	分类结果	较好 (Better)	较坏 (Worse)
学生就业前景	40	27	8	17	0	0	魅力属性	72.83%	−38.04%
知名学者	29	11	4	44	2	2	无差异属性	45.45%	−17.05%
海外交流机会	41	15	1	34	0	1	魅力属性	61.54%	−17.58%
专任教师	30	32	8	20	0	2	期望属性	68.89%	−44.44%
校园文化	20	41	8	20	0	3	期望属性	68.54%	−55.06%
学生工作	28	33	9	21	0	1	期望属性	67.03%	−46.15%
教学楼及教学设备	26	40	9	16	0	1	期望属性	72.53%	−53.85%
机房及实验室设备	28	39	7	18	0	1	期望属性	72.83%	−50.00%
图书馆	19	56	3	12	0	2	期望属性	83.33%	−65.56%

功能 / 服务	A	O	M	I	R	Q	分类结果	较好 (Better)	较坏 (Worse)
网络质量	27	47	7	10	1	0	期望属性	81.32%	−59.34%
行政管理工作	18	48	10	14	1	1	期望属性	73.33%	−64.44%
财政帮助	32	37	8	13	0	2	期望属性	76.67%	−50.00%
校园内部交通及治安状况	15	53	13	10	0	1	期望属性	74.73%	−72.53%
住宿条件	30	41	6	11	2	2	期望属性	80.68%	−53.41%
食堂饭菜质量	29	45	4	12	0	2	期望属性	82.22%	−54.44%
食堂员工服务态度	34	37	7	11	0	3	期望属性	79.78%	−49.44%
娱乐及体育锻炼设施	29	42	3	14	0	4	期望属性	80.68%	−51.14%
竞赛、晚会等娱乐活动	42	25	2	20	0	1	魅力属性	75.28%	−30.34%
心理咨询服务	35	23	4	29	0	1	魅力属性	63.74%	−29.67%
社会实践(公益组织)	39	29	5	16	2	1	魅力属性	76.40%	−38.20%
社区实践	38	29	4	20	0	1	魅力属性	73.63%	−36.26%
专业实习	25	49	5	12	0	1	期望属性	81.32%	−59.34%

根据调查问卷中学生关于各指标重要度和满意度的调研结果分析得到各指标的重要性及学生的基本满意度,如表 5 所示。

表 5　IPA 分析结果

序号	指标	重要度	满意度	I/P
1	学生就业前景	4.35	3.45	1.26
2	知名学者	3.75	3.09	1.21
3	海外交流机会	3.74	3.13	1.19
4	专任教师	3.74	3.13	1.19
5	校园文化	4.27	3.53	1.21
6	学生工作	4.18	3.62	1.15
7	教学楼及教学设备	4.31	3.4	1.27
8	机房及实验室设备	4.3	3.22	1.34
9	图书馆	4.62	4.05	1.14
10	网络质量	4.37	3.09	1.41
11	行政管理工作	4.29	3.56	1.21

序号	指标	重要度	满意度	I/P
12	财政帮助	4.27	3.65	1.17
13	校园内部交通及治安状况	4.51	3.75	1.20
14	住宿条件	4.49	3.45	1.30
15	食堂饭菜质量	4.51	3.41	1.32
16	食堂员工服务态度	4.45	3.9	1.14
17	娱乐及体育锻炼设施	4.33	3.69	1.17
18	竞赛、晚会等娱乐活动	4.11	3.46	1.19
19	心理咨询服务	4.15	3.75	1.11
20	社会实践(公益组织)	4.32	3.67	1.18
21	社区实践	4.33	3.58	1.21
22	专业实习	4.58	3.67	1.25

在感知质量要素的重要度均值分析结果中(表5),重要度均值在3.74~4.58之间,其中重要度和满意度最高的是图书馆,结合KANO模型结果,说明图书馆的质量属性满足学生的期望,专业实习为重要度排名第2的属性,满意度排名第5,本专业为应用型专业,学生对专业实习期望较高,但满意度相对略低,需要在实习实践方面加以指导;重要度相对较低的4项要素分别是知名学者讲座(沙龙)、海外交流机会、心理咨询服务和竞赛、晚会等娱乐活动;在感知质量要素的满意度均值分析中,满意度均值在3.09~4.05之间,其中,图书馆、食堂员工服务态度、心理咨询服务和校园内部交通及治安状况获得较高的满意度,而知名学者、网络质量、海外交流机会及专任教师满意度相对较低。综合重要度和满意度均值得出服务质量的IPA分析矩阵,如图1所示。

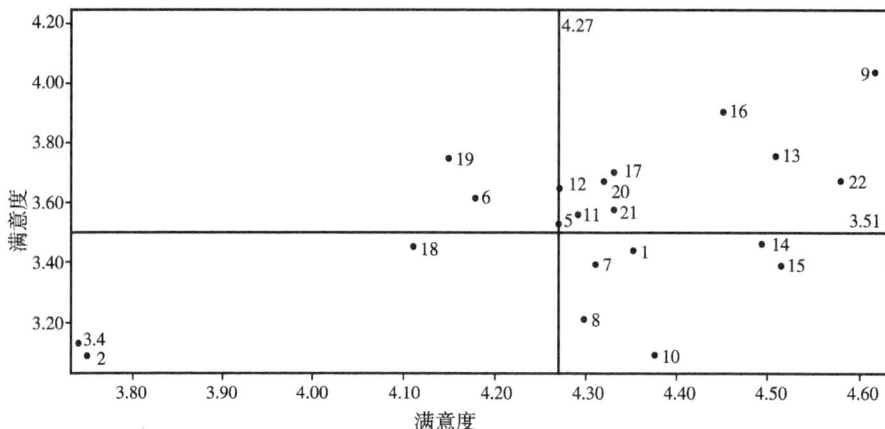

图 1 IPA 分析矩阵

第 I 象限为继续保持区,学生对处在该区的要素重视程度和满意度都较高,包括图书馆、专业实习等共 8 项,这表明,学生认为这些质量要素对其感知程度具有决定性作用,学校如果满足学生这些需求,在维持现状的情况下需要继续努力;

第 II 象限为过度供给区,学生对处在该区的要素重视程度较低,满意度较高,包括学生工作等共 4 项,表明学生认为这些质量要素对大部分同学来说供给过度;

第 III 象限为低优先级区,学生重视程度和满意度都较低,包括知名学者讲座、海外交流机会等共 4 项,这表明改善工作的重点不必集中在这些质量要素;

第 IV 象限为重点改进区,学生重视程度较高但满意度较低,包括网络质量共 6 项。处于该象限的要素是学生认为较重要但对其感知满意度较低的服务要素,是学校需要重点改进的服务要素。

3.KANO-IPA 联合分析

通过上述两种方法的分析,无法判定各质量要素的改进优先次序,本文参考陈丽萍①基于 KANO 模型和 IPA 分析法联合分析得出 22 项质量要素的改进优先级,决策规则如下:

---

① 参见陈丽萍:《基于 KANO——IPA 分析模型的三亚会议型酒店服务质量提升研究》,《海南大学》,2019 年第 3 期。

必备属性(M)是必须具备的基本属性,当无法提供或不能满足时会引发强烈不满。因此,赋予必备属性(M)最高优先级;期望属性(O)是满意状况与满足程度呈可比关系,赋予次高优先级;魅力属性(A)能很大程度提高满意度,但即便没有也不会引起不满,设为第三优先级。

对于同一类别质量要素,根据 IPA 矩阵设定优先级,即第 I、II 象限质量要素满意度较高,执行维持策略,但第 I 象限重要度高于第 II 象限,故第 I 象限要素高于第 II 象限;同理,第 IV 象限高于第 III 象限。

对于同一类别同一象限的质量要素,引入 I/P 系数。当 I/P>1 时,说明重要度高于满意度,优先级高于 I/P<1 的质量要素,且 I/P 系数越大,优先级别越高。

表6　优先级次序表

属性归类	象限	功能/服务	I/P	改进次序	维持次序
M	I	——	——	——	——
	II	——	——	——	——
	III	——	——	——	——
	IV	——	——	——	——
O	I	专业实习	1.25	——	1
	I	行政管理工作	1.21	——	2
	I	校园内部交通及治安状况	1.20	——	3
	I	娱乐及体育锻炼设施	1.17	——	4
	I	食堂员工服务态度	1.14	——	5
	I	图书馆	1.14	——	6
	II	校园文化	1.21	——	7
	II	财政帮助	1.17	——	8
	II	学生工作	1.15	——	9
	III	专任教师	1.19	6	——
	IV	网络质量	1.41	1	——
	IV	机房及实验室设备	1.34	2	——
	IV	食堂饭菜质量	1.32	3	——
	IV	住宿条件	1.30	4	——

属性归类	象限	功能/服务	I/P	改进次序	维持次序
	IV	教学楼及教学设备	1.27	5	——
I	III	知名学者	1.21	——	——
A	I	社区实践	1.21	——	10
	I	社会实践(公益组织)	1.18	——	11
	II	心理咨询服务	1.11	——	12
	III	海外交流机会	1.19	8	——
	III	竞赛、晚会等娱乐活动	1.19	9	——
	IV	学生就业前景	1.26	7	——

由表6可以看出,维持型决策中处于前三位的分别是专业实习、行政管理工作和校园内部交通及治安状况;改进型决策中处于前三位的分别是网络质量、机房及实验室设备和食堂饭菜质量。

四、研究结论

本文采用KANO模型和IPA分析调查了新生入学一个月内的学习体验满意度情况。主要研究结论有:①从KANO分类中发现,本专业学生对于学习体验的测验指标的魅力属性包括学生就业前景、海外交流机会、竞赛和晚会活动、心理咨询、社会社区实践,这些指标均是本专业的优势特色,说明这些方面对学生有吸引力。②从KANO——IPA联合分析来看,在其他关于教学质量研究中诸如学生就业前景、海外交流机会、专任教师教学水平等重要因素在本调查中却处于改进次序排名靠后的区域,一方面说明新生入学时间尚短,只对网络质量、食堂饭菜等感知体验较多,对专业感知尚浅,另一方面学生对于①中的魅力要素体验感不强,因此学校需要在这些方面加强宣传和引导,让学生更快更好融入专业学习。

作者简介:杜凤霞,女,博士,天津商业大学公共管理学院讲师。

基于未来大学理念的高校工会联合体发展策略研究

槐　琳

一、概述

(一)研究背景

工会是代表基层职工利益的群众组织,更是反映大众心声的有效渠道。高校工会组织以服务广大教职工为宗旨,在维护教职工权益、联系群众、提升群众满意度、人文关怀、活动组织等方面发挥积极作用。相较于传统工会组织形式,数字时代下的智慧工会建设正在如火如荼地开展。[①]《全国工会网上工作纲要(2017–2020 年)》已经明确指出工会要以移动互联、云计算、大数据和人工智能等技术为手段进行相应的改革,推进工会信息化建设。可见,智慧工会的建设既是进步体现,又是时代需要,具有将改革创新与技术革命相融合的现实意义。

(二)问题提出

随着时代进步,物联网、大数据、移动互联等新技术已经逐渐融入大众生活。[②]在这些技术进入教育领域后,教育智能化和信息化将成为校园教学和组织管理的新特征,智慧校园为教育发展注入新的活力。高校工会存在于

---

① 参见卫霞、史军:《关于新媒体时代高校工会工作创新的思考》,《山东工会论坛》,2018 年第 3 期。

② 参见李有增、周全、钊剑:《关于高校智慧校园建设的若干思考》,《中国电化教育》,2018 年第 1 期。

教育环境中,自然顺应信息化改革浪潮。①以"互联网+工会"和工会大数据应用为基础的智慧工会建设,是工会改革创新发展的重要途径。经历信息化建设后的工会组织可实现"指尖上的工会"理念,极大方便群众,优化了用户体验,但是分散的工会组织仍不能发挥系统性功能。教育系统依据学习性质、办学层次等可划分不同教育教学单位,各单位虽可实现工会的内部信息化,但仍不能做到系统内和不同单位间的信息交换和资源共享。为做到高校智慧工会间的互联互通,一种联合体机制需要被考虑并充分研究。

二、基于校园文化内涵的高校工会特质

不同于社会组织,高校工会隶属于教育系统中不同部门。要了解高校工会具有何种特质,首先需要了解高校校园文化功能。

(1)教育功能。校园文化可以影响一个人的习惯和思想,促使个人形成自我学习的内生动力和社会主流价值观,使在此环境中的个体发生潜移默化的思想和行为改变。这种改变是正向且积极的,符合社会主流价值观的发展趋势。

(2)号召功能。不同于直接权力部门,高校环境中的个体间需要的是间接性的柔性影响,这种影响被视为比学校规章制度更能被个体接受的号召力和感染力。教师一方体现出为人师表的特征,学生一方则表现出积极配合,两者互动可超脱规章约束。失去了规章的约束并不意味着散漫,而是由校园文化为主导,将组织意志变为自觉行为,维持了教育系统整体上的和谐。

(3)驱动功能。高校事业发展是教育者为之努力的宏观体现,同样体现了教师的职业认同。校园文化应为高校事业发展提供强大动力,使教育个体了解和支持校园文化对教育本身和个体利益的推动作用,驱动意志向符合教育初衷的方向发展。

---

① 参见舒红梅、王妍、康健铭、江汪霖:《基于微信小程序的"智慧工会"设计与实现》,《电脑编程技巧与维护》,2021年第9期。

三、建设智慧工会和其联合体的意义

高校工会作为高校校园中重要的思想沟通纽带和凝聚力，应把教育作为第一属性，突出"教师—学生""教师—管理者"之间沟通与了解的重要性，形成和谐的教育环境，以达到齐心协力推动高校教育事业发展的目的。

2017年，叶许可提出利用互联网，进行工会管理模式的创新，实现工会管理的科学化与信息化。[1]2018年有学者提出利用大数据进行科学决策和优化顶层设计。[2]2019年又有研究者强调打造"智慧工会"的必要性，即"互联网+工会"的升级版，建设更高水平、更智能化的信息化工会管理体系。[3]

（一）智慧工会建设的意义

智慧工会建设具有时代意义。人类进入互联网时代以来，各种先进技术应用于日常生活，极大方便了人们的生活并在一定程度上改变了大众生活习惯。特别是在5G技术、云计算、大数据技术逐渐成熟的今天，工会工作由简单的线下操作转变为单位范围内的线上操作，并在今后可能形成互联互通形式的集合概念。智慧工会无论如何发展，都无法脱离时代进步的特征，因此具有鲜明的时代意义。

智慧工会建设具有融合发展的意义。融合发展对于工会建设而言，不仅仅体现在技术的融合与应用，更体现在技术影响的个体间。不同个体受智慧工会框架下可实现模块的影响，形成了不同群体、不同思想、不同行动、不同活动间横向与纵向的相互融合。这种融合极大说明了工会在教育系统存在的意义。

① 参见叶许可：《互联网+"时代高校工会工作管理模式创新研究》，《发展研究》，2017年第2期。
② 参见封婉：《互联网+工会"模式下大数据综合运用分析》，《职大学报》，2018年第1期。
③ 参见单真：《新时代建设"智慧工会"普惠性服务新模式研究》，《山东工会论坛》，2019年第1期。

(二)智慧工会联合体的意义

教育需要可持续发展理念作为保障。在教育环境中,智慧工会建设亦需要可持续发展理念作为指导。在互联网互联互通的趋势下,各单位智慧工会建设一盘散沙式地存在已经不再适应发展理念。而联合体概念正顺应了可持续发展的理念,实现了不同部门和系统间的事务联系。从发展角度看,联合体有助于充分实现信息交流、工作协作、公平公正、标准统一。在此过程中,资源得到有效整合,实现教育系统内部各优势要素的充分流动,最终促进工会各项事业进步,让教育可持续发展理念得到充分贯彻。

四、智慧工会建设面临的机遇

工会工作的载体愈加丰富,高校工会体系得到完善。伴随时代发展,各种新技术、新理念层出不穷,在此基础上,高校工会工作可选择的载体就变得更易获取。现如今,很多高校或所属机构都拥有自己的线上平台,如公众号、微博、抖音、甚至独立 APP 等。工会建设的智慧化需要以上平台的支持,而当下技术恰好可以满足需求。工会的智慧化建设丰富了其工作体系,让处理工作变得简单。智慧工会可以在提案、文化建设、新闻宣传等领域发挥作用。从信息管理系统角度看,管理平台应具备全面的信息管理功能,具体见图 1 所示。

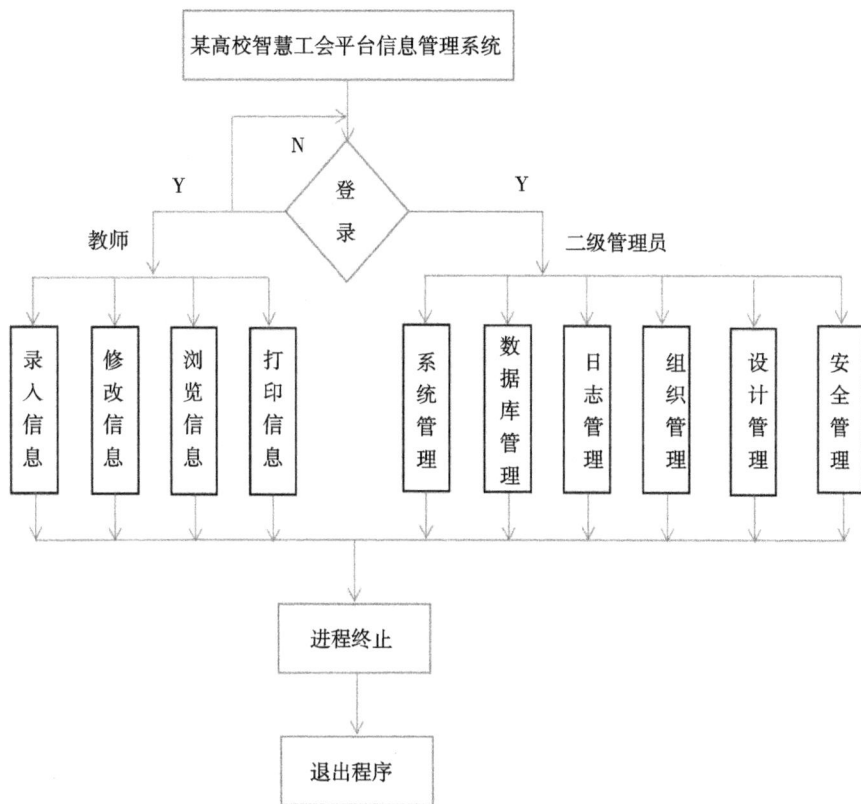

图1 高校智慧平台信息管理系统

工会工作智慧化建设有助于推动高校民主化建设。智慧工会的客观存在是基于可视化信息平台的,平台可操作的业务如信息公开、提案征集、留言发布、权益维护等都将作为公开信息进而体现民主化。而系统化的智慧工会联合体,更可将不同学校间的信息公开,从而实现校际间的社会化民主建设。

信息互动更加紧密,沟通机制得到良性发展。智慧工会发展的目的在于实现教职工利益的最大化,而他们的诉求必先得到解决。解决途径不应是暗箱操作,而是通过线上可视化流程得到实现。这种沟通渠道平台和机制的搭建是教师与权力部门、高校与高校之间良性互动的基本前提,目的是促进教育系统内部门与个体间关系的稳固发展。

综上,智慧工会平台建设需要精准的模块化操作,以实现体系化、民主化,同时加强要素间的信息互动。某单位智慧工会平台模块如图2所示。

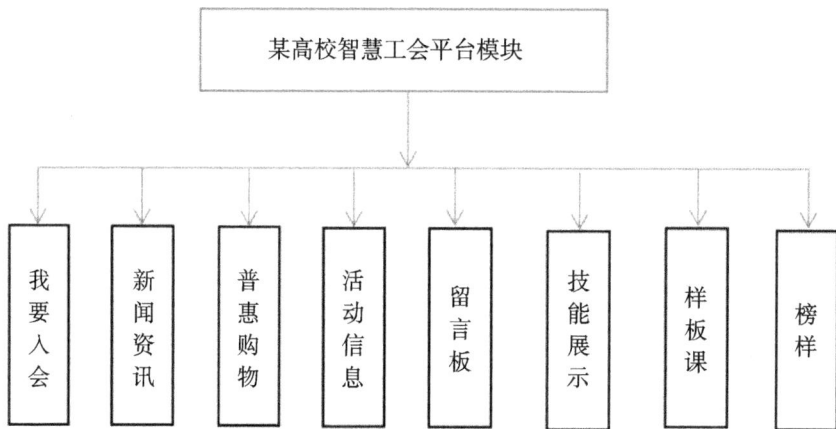

图2　某单位智慧工会平台模块

五、智慧工会联合体建设面临的挑战

网络信息良莠不齐,信息过滤技术需要高校间统一实施以保证效果统一。网络属于虚拟空间,各种信息交流形成庞大信息网络,各种新思想容易发生碰撞。

高校智慧工会建设缺乏整体性和系统性,信息交流缺乏全面性。在本文前期调研中发现,各高校工会较以往均在线上平台得到充分发展,其中多以网站、公众号等基本形式存在。然而教育组织是一个不可独立发展的联合体,必须被视为系统进行优化、协调。作为教育系统下的工会工作也应该是一个系统化的概念。各高校内部的智慧工会建设如果不能实现高校间互联互通,则无法实现工会工作协调、统一发展。因此,区域内高校智慧工会"联盟"应被提上开发日程。

相关机制需要灵活性,处理渠道需要高效、畅通的规划。不同于一般社会群体,教师群体普遍拥有高学历、高智商,在维权意识上相较于他人具有先进性,在对规章制度解读和认识方面具有前瞻性。因此在智慧工会建设中,要突出机制灵活,以便工会工作可以灵活地与政策对接。此外维权的同时,需要高效、有效的申诉和处理渠道。为达到处理渠道标准化运作,高效智慧工会联合体概念就可以发挥其作用。无论联合体内任何部门发生申诉情况，都可以选择部门内部处理或联合体解决。此举可最大限度做到公平，让教职工得到权威解答，对提升教职工满意度有很高的现实意义。机制在业务流程中的体现见图 3 所示。

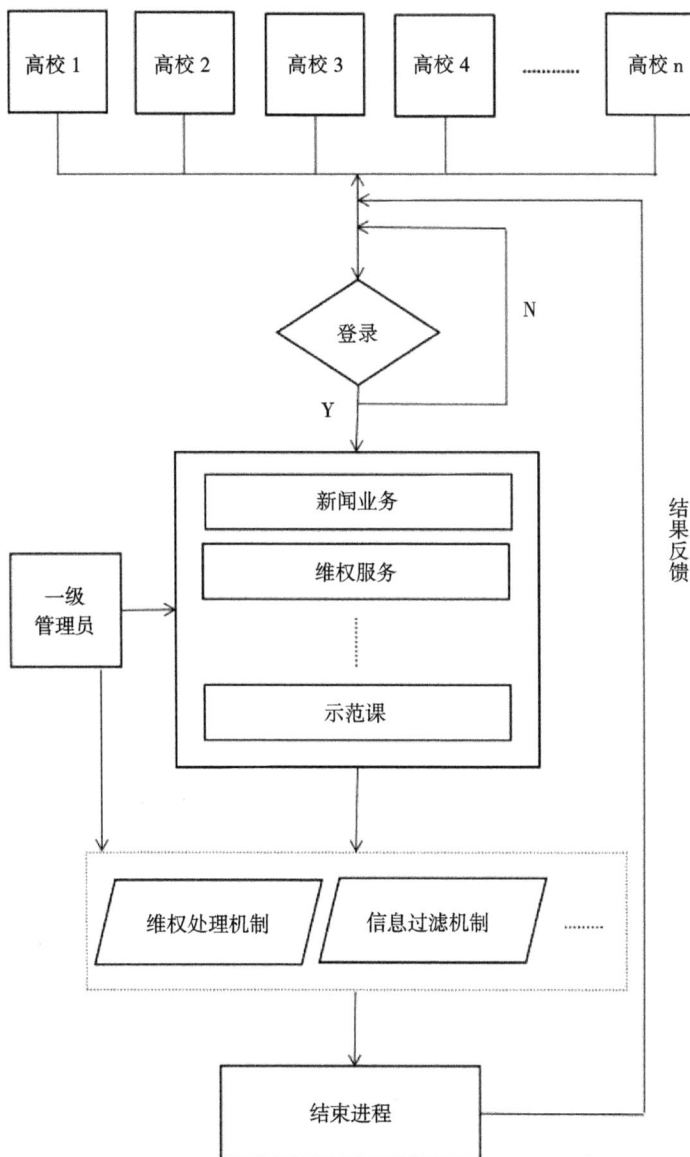

图 3　智慧工会联合体的业务流程图

六、高校智慧工会联合体建设的路径

(一)优化顶层设计,事先做好可实践的规划

要建设好以各高校为工作基础的智慧工会联合体,首先必须做好顶层设计和规划。不同于各单位内部的独立工会系统,联合体是一个完整的组织体系。该体系有宏观、中观、微观三个维度组成和实现。从宏观角度看,工会行政机构(如中华全国总工会)需要从政策发展角度认可联合体概念,并将智慧工会建设作为持续发展项目。从中观维度看,结合宏观维度下形成的统筹资源和协作精神,各工会组织根据自身工作特点和智慧化进程的推进需要,形成具有互补性的智慧工会个体。微观维度下,教职工在联合体框架下实现跨单位访问,实现系统内网络、数据、服务、资源的共享和互联互通。

(二)做好数据库的建设和持续发展工作

大数据是当前热点技术,是世界互联互通和生活信息化得到有效优化的技术保障,亦革命性地改变了人们的生活习惯,优化了个人体验。通过对数据的提取和清洗,可以得到作为决策有效的量化支持。通过数据分析、计算,可以得到针对教师需求的个性化服务模块,做到了精准服务、有效对接。

(三)将智慧工会联合体功能落到线下

促进工会各项事业发展的推动力在于具体工作和活动的线下落实,智慧工会联合体是线下工作落实的机制性框架组织。智慧工会建设不能简单依靠网络,而是需要线上和线下相结合,形成完整的工作闭环。最终需要实现的是,线上提供信息流动,线下服务落地。

(四)构建技术跟进和媒体平台优化发展机制

智慧工会联合体的实现在于互联网环境、技术发展、媒体平台机制性发展的互联和整合。在媒体时代,联合体一方面需要跟随社会环境和教师需求发展服务内容多样化;另一方面需要在技术层面开发更多可被教师特别是

年轻教师乐于参与的形式,为系统和模块开发提出科学建议。

七、结语

高校智慧工会建设是新时代发挥工会作用的有力保障。通信的互联互通,不同智慧工会单位,可以有效调动教育系统内部的资源,根本上解决工会"单干"的情况,开创联合起来干事业的新局面。智慧工会联合体概念虽符合时代需要和工作实际,但还需要在法律和信息安全机制等方面投入更多关注。

作者简介:槐琳,男,硕士,天津商业大学公共管理学院助理研究员。

基于物联网技术的高校资产管理研究

槐　琳

仪器设备是维持高校教育教学、办公等工作正常进行的必要工具和重要物资,是衡量教育管理硬件水平提升的必要指标之一。科学的物资管理能力在一定程度上反映了高校行政管理水平,加强资产管理可有效预防国有资产流失的风险,提升资产安全性。随着我国改革开放的不断深化,特别是在国家加大教育投入的大背景下,人才市场需求也在发生深刻变化,为了培养符合时代和社会需要的大学生,高校在硬件设备上的投入将持续增大。

一、高校资产管理存在的问题

(1)管理模式仍以人工检查为主,既传统又落后。当前各大高校仍然通过粘贴条形码的方式为资产设备"打记号",通过人工检索获取条形码信息,这种方式耗时、耗工,一旦二维码脱落或误贴,则会发生账实不符的情况。

(2)无法进行过程控制和动态管理。资产的某些信息(如位置信息)会随着高校事业发展发生某些属性改变,特别是流动性较大的资产,传统管理模式无法应对可能随时更新的资产属性,最终导致信息陈旧,进而无法掌握资产的实时情况。

二、物联网技术概述

(一)物联网的概念

物联网,即 Internet of thing,简写为 LoT。[①]于 1999 年被美国教授凯文·艾什顿(Kevin Ashton)提出,他认为人与环境、人与物、物与物之间可以通过智能且高效的联通方式达到信息交换的目的, 这个过程就是物联网的工作机理,最终通过智能化的决策实现物理世界与信息世界的融合。

(二)物联网技术的特点

以互联网技术为基础的物联网技术经过多年的快速发展, 已经能够可靠地实现"物—物"信息传递与交换。从应用的角度看,物联网技术主要有以下两个特征:

(1)"物—物"连通的实现。与有线和无线网络不同,物联网技术是在此之上进化而成, 使用如传感器、影像识别等终端感知手段将物与物连接起来。此外,不同于互联网实现的远程操作与控制,物联网技术实现了"人—物""物—物"之间的互动。

(2)实现了系统的智能化。物联网可以实现包括图像、数据等信息的存储、使用、修改、删除处理,劳动力得到解放。此外,随着互联网技术的快速发展,空间定位、传感技术的突破,物联网技术实现了独立单元间的整体智能化系统的构建。

(三)高校资产管理应用物联网技术的现实意义

(1)提升资产的安全性。使用物联网技术可以使资产得到实时跟踪,从前端数据采集的唯一性操作到终端数据库分析与修改的可控性, 这个过程对资产的真实性负责,提升了资产设备的安全性,避免了资产账目混乱、丢

---

① 参见高勇:《基于 RFID 的物联网在高校固定资产管理中的应用研究》,《广东科技》,2013 年第 8 期。

失、误报等情况的发生。

（2）提升资产管理的便捷性。物联网技术在很大程度上解放了人力，只需承办人通过阅读器等传感装置，就可完成对读取范围内全部资产信息的收集，极大方便了资产管理工作。

（四）RFID 技术概述

（1）RFID 技术的概念。FRFID 技术即无线射频自动识别技术，与条形码技术不同，RFID 技术"无线"的概念体现在无需接触本体就可以识别其既定信息。

（2）RFID 技术的构成。RFID 技术简单地说可由前端、中端、终端三部分组成，即构成了拥有应用层、网络层、感知层的资产管理系统，如图 1 所示。前端的 FRID 标签应用于资产内部，中端的 RFID 阅读器用于识别 RFID 标签，终端的数据库用于收集和处理阅读器采集的数据。

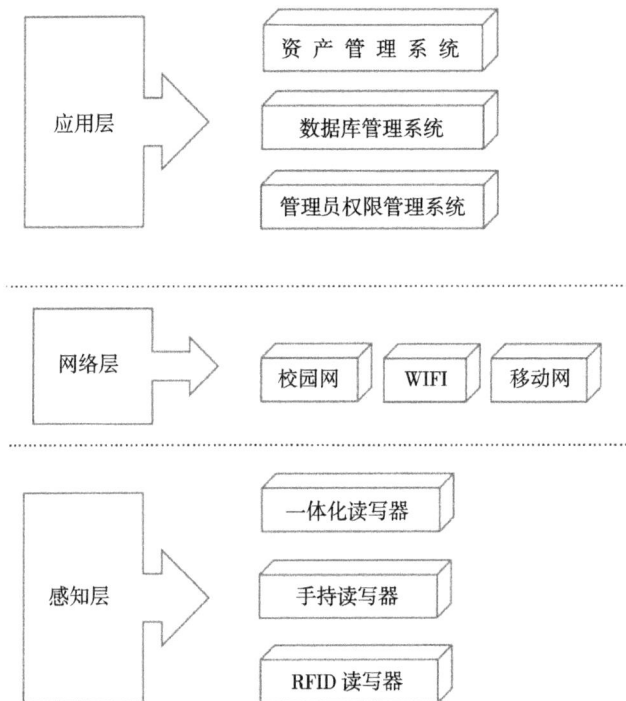

图 1　资产管理系统构成

（1）RFID 标签。RFID 标签提前写入资产的基本信息，其信息具有唯一性，用于唯一确定该某项资产的专属信息。RFID 标签分为有源或无源标签，有源标签通过自有能量源发送信息，无源标签则依靠自身电容器收集能量源，是一种被动获取信息的方式。

（2）RFID 阅读器。RFID 阅读器通过内置天线发送或接收 RFID 标签的信息数据，其中天线可由一个或多个组成用于增加读取范围。

（3）终端数据库。终端系统写入过程是连接 RFID 阅读器与数据库的动态数据交换的过程，通过信息的集中管理，达到获取资产全部信息的目的，如品名、型号、供应商等。

三、资产的全寿命管理

资产的全过程、全寿命管理如图 2 所示：

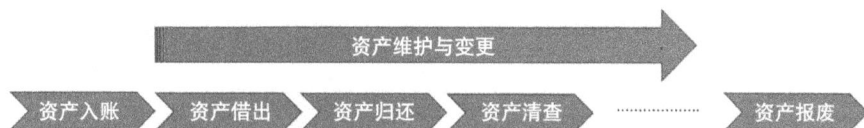

图 2　资产全寿命管理

（一）资产入账阶段的管理

该过程是在采购和验收工作完成后，通过在电子标签写入某个验收完成的资产的基本信息，将标签固定在该资产实体上，即可完成后续读写和识别的过程。

（二）资产借出阶段管理

高校固定资产由管理方统一管理，但使用人可由特定个体通过借调的方式实现使用人的转变，RFID 阅读器读取借用人的证件，核实其身份后再读取资产电子标签，即可一次性获取所需资产。[①]以上读取的信息可通过 ZigBee 传至云端数据库，实现同步更新的便捷操作。

(三)资产归还阶段管理

资产归还的过程是资产借出过程的逆操作，亦通过读取一个或多个资产标签确认信息无误后完成归还流程。

(四)资产日常维护(变更)阶段管理

资产维护与变更的操作贯穿借出、归还、清查阶段，通过数据库终端系统对 RFID 标签信息进行管理。[②]当某项仪器发生故障时，仪器通过自身传感技术将异常部位的信息反映在电子标签相对应的位置，提供维修相关的信息。

(五)资产清查阶段的管理

资产清查工作在物联网技术的帮助下，利用 ZigBee 或 RFID 技术感应电子标签包括位置信息在内的资产信息被传至终端系统，避免了因人工检查造成的时间冗余和报错。

(六)资产报废阶段的管理

资产的报废实际上是电子标签信息清除的过程，该过程实现了 RFID 电子标签的"格式化"和再利用。

四、结论

基于物联网技术的资产管理方法保障了资产的安全，节约了人工成本。

---

① 参见李秀娟、王磊：《物联网技术在高校固定资产管理中的应用探究》，《实验技术与管理》，2015 年第 11 期。

② 参见纪红月、李茂、曹艳娜：《基于物联网的高校智能化固定资产管理研究》，《商》，2015 年第 39 期。

但是目前的高校资产管理工作应用物联网技术没有形成规模，在物联网维护、技术人员培训、系统开发等方面投入的力度还不够。从长远角度看，在物联网、云计算、大数据技术应用的趋势下，高校资产管理物联网化将必定成为主流。

作者简介：槐琳，男，硕士，天津商业大学公共管理学院助理研究员。

高校教师党支部建设模式探析

石　慧

高校教师党支部是落实党的各项路线方针政策的基本单位，是紧密联系师生群众的重要纽带，是推动学科建设和事业发展的主要力量。新时代，应当以制度建设、学习"效"度建设、组织"硬"度建设和作用"强"度建设为抓手，形成"1+3"建设模式，不断提高高校教师党支部建设质量和效果。

一、制度建设

制度建设是高校教师党支部建设过程中的重要组成部分，将党建工作的有效方法以更加规范化的形式加以固定，并一以贯之长效落实，这是强化党的先进性的必然要求。高校教师党支部制度建设要结合实践要求、结合工作实际、结合发展规律，具备可行性和操作性。

(一)完善评议反馈制度

年底定期开展教师党支部书记述职评议工作，述职内容包括一年来党支部开展的工作情况、存在的问题及下一步工作计划。其中，工作情况重点要总结体现党建与教学科研等中心工作的深度融合情况及效果，防止"两张皮"。评议结果应用于年底考核、党内评优等，并及时反馈至本人，确保评议实效。

(二)完善监督调研制度

一是实行党务公开。定期将党支部活动开展情况、党费使用情况及重大决议情况向党员及群众公开,有利于决策的民主性和透明化,确保党支部各项工作正常有序开展。

二是开展思想调研。党支部要随时了解党员的思想、工作、学习及生活情况,及时答疑解惑、排除困难,对发现的苗头性、倾向性问题要予以纠正,有的放矢做好教育和引导。

（三）完善支部结对制度

一是教师党支部之间的结对。每个教师党支部大多是以相近专业（系）为基础而划分的,强化支部之间的交流,一方面能够借鉴支部先进的工作方式,定期共建开展支部建设活动,提高党的组织力和战斗力。另一方面借此平台充分发挥党员的积极性,交流学科经验,促进本单位科学研究水平,共同提高专业建设质量。

二是教师党支部与学生党支部之间的结对。立德树人是高校的根本任务,教师党支部的工作对象不限于教师,还有成长中的大学生。通过一对一联系学生党支部,实现全方位育人。同时,学生思想活跃,有助于教师党支部拓宽工作渠道,更加有创造力地开展支部工作。

二、学习"效"度建设

在党的十八届六中全会第二次全体会议上,习近平总书记强调,加强思想教育和理论武装,是党内政治生活的首要任务,是保证全党步调一致的前提。[①]理论学习是我们党在不同阶段夺取胜利的重要基础,是新时代加强党的思想建设的基本方式,坚持终身学习,往深里走、往心里走、往实里走,只有保持政治头脑清醒,强化理论学习效果,才能干对事、干好事、干成事。

（一）丰富学习内容

马克思主义基本理论是共产党人的理论必修课，主要包括马克思主义

---

① 参见《习近平在党的十八届六中全会第二次全体会议上的讲话（节选）》,人民网,2017年, http://cpc.people.com.cn/n1/2017/0103/c64094-28995008.html。

哲学、马克思主义政治经济学和科学社会主义,其中马克思主义哲学涵盖辩证唯物主义和历史唯物主义。习近平新时代中国特色社会主义思想是马克思主义中国化的最新成果,是中国特色社会主义理论体系的重要组成部分,主要提出全面建成小康社会的总任务,实现"两个一百年"的奋斗目标,判断出新时代我国社会主要矛盾,谋划中国特色社会主义事业发展新布局,明确中国特色社会主义总目标,推动构建人类命运共同体,将中国共产党的领导作为中国特色社会主义的本质特征和制度优势,全方位、多角度为新时代中国发展指明方向、规划蓝图。

《中国共产党章程》是党的根本大法,明确了党的性质、党员权利和义务、党的基层组织、党的干部、党的纪律等内容,强化从严管党、治党的根本原则,为把握正确的政治方向、提高党员的党性修养提供了标准教材。党史是深刻理解中国共产党人的初心和使命、中国发展历史必然性的重要途径。回首过去,深知我们从哪里来,知史、懂史、爱党、爱国;展望未来,明确我们到哪里去,鉴史、用史、强党、强国,我们经受住了考验和淬炼,新时代更要砥砺前行,充分发扬革命传统,彰显伟大成就。同时,结合学校发展实际,深入学习宣传党中央重要决策部署、习近平总书记重要论述、学校重要会议精神、党支部建设规范性文件、教师师德师风建设等相关内容。

(二)创新学习方法

教师党支部要适应新时代改革发展的要求,必须要在以往好做法、好经验的基础上推陈出新,坚持符合高校发展实际、符合教师党支部建设实际,强调效果导向,而学习方法的创新则是激发教师党支部建设活力的基础。

一是采取"在外学、真调查"的学习方式,组织支部教师党员到教育基地、到红色地区,接受更为直接的革命理想教育,可将其融入教学当中;到各类兄弟院校交流支部建设方法,共享教师党支部建设成果;结合专业发展走访企业、机构洽谈对口合作,实现党的建设与业务工作的有机统一。

二是采取"我策划、我主持"的学习方式,由支部每位教师党员轮流根据所学内容主动报名参与针对本次集中学习内容的策划主持工作,在前期准备和调研的基础上,结合支部教师党员实际制定学习目标,安排学习任务,检查学习情况。这不仅能够调动教师党员的学习积极性，切实参与到学习活动当中，而且帮助支部总结学习经验、拓展学习思路，有利于进一步提升学习质量。

三是采取"有网络，不停学"的学习方式，强化教师党支部新媒体建设，利用网络平台开放、互动、透明的特点，通过微信公众号、微党课、视频音频会议等形式开展经常性教育并组织讨论，转变思想观念，不限于"面对面学习"的固有方式，有效解决时间难以集中的问题。

（三）确保学习效果

理论学习的最终目的在于形成理念共识，在于有效指导实践。实现真学，内化于心，强化教师党员把握政治原则和政治方向，在精神上得到洗礼，在思想上得到升华，增强对自我身份的认同，时刻坚守共产党人共同的信仰和追求，严格落实师德师风行为规范。实现真用，外化于行，思考理论与实际紧密结合，促进党建与事业发展同向发力、同步提升，逐步引导教师党员自觉承担立德树人的根本任务，在推进学院一流专业和一流课程建设、强化科研攻关、深化改革过程中主动作为、靠前作为，彰显教师党员的先锋模范本色。

三、组织"硬"度建设

"打铁还需自身硬"，体现了实现自我建设的魄力、体现了责任担当的自觉、体现了落实全面从严治党的决心。强化组织"硬"度建设，才能筑牢凝聚力和战斗力的基础，实现科学发展、健康发展。

（一）合理设置教师党支部

一般情况下，高校教师党支部以专业（系）室、研究所、或实验中心等为单位设置，在组织党员开展组织生活的同时，有利于高效地完成部门教学、科研等相关工作。随着"一流专业、一流课程"建设不断推进，更多的教学团队、课程组、科研团队应运而生，单位可结合实际成立功能型教师党支部，将党支部建在教学、科研上,把党的建设融入事业发展各项工作当中,实现哪里有中心工作,哪里就有党支部,切实发挥党支部的战斗堡垒作用和党员的先锋模范带头作用。

(二)认真选配党支部书记

党支部书记是教师党支部的"排头兵"和"领头羊",是带领党员向前发展的关键因素。按照程序要求,选配党性强、威信高、品德好、肯奉献、善团结的党建人才,在教育教学、科研实践等学术上也要有一定的成绩,实现党建与学术的"双带头人"。①加强理想信念教育,提高作为教师党支部书记"双带头人"的责任感和使命感;加强党务专业知识教育,包括各类工作规范、程序和纪律要求,不断掌握专业技能;加强警示教育,引以为戒、防微杜渐,自觉敬畏法律、敬畏党纪,做政治上的明白人。

(三)注重吸纳青年教师

目前大批高学历、高水平的青年人才入职高校,为教育注入了新的学术活力,但在其中不乏有一些教师的政治面貌是群众。新时代人才培养工作的重要内容之一就是强化政治吸纳,这也是筑牢党组织建设的必要条件。教师党支部要做好思想引领,主动与党外教师"结对子",开展经常性谈心谈话,邀请青年教师参加党组织的学习活动,参与研讨和互动,逐步加强对党的认识,激发其政治热情;提供专业指导,定期开展青年教师培训,以"老带新"的方式,帮助其尽快了解教学、科研方法及日常业务工作,树立正确的育人导向;给予生活关心,帮助其解除后顾之忧。

(四)打牢清正廉洁基础

清正廉洁是教师党员的立身之本,决不可动摇。通过正反典型教育,时刻向教师党员严明党的政治纪律和政治规矩,坚持实事求是、求真务实的工作作风,自觉接受群众监督,强化拒腐防变的能力,不越红线、不碰高压线,

---

① 参见吴建伟等:《全面从严治党背景下加强教师党支部建设研究》,《中国高等教育》,2019年第20期。

彰显共产党人的政治本色,保持党组织的纯洁性。

四、作用"强"度建设

制度建设、学习"效"度建设及组织"硬"度建设的最终目的是加强作用"强"度建设,能够更好地发挥教师党支部在教学、科研、学生管理等一线的服务作用。

(一)在服务中心工作当中发挥作用

党建和中心工作是基层工作的两个重要关键点,同向发力才是本单位建设的正确选择。教师党支部工作重点在于坚持做好思想教育引导,加强师德师风建设,营造积极向上、齐心协力的共建氛围,让教师党员想作为、能作为、真作为。中心工作重点在于加强教学、科研、人才培养和师资队伍建设等方面。二者相互融合,发挥教师党员的先锋模范带头作用,积极主动为单位的发展规划献言献策,主动承担重任,解决一线工作中的难点问题。

(二)在服务师生群众当中发挥作用

认真践行全心全意为人民服务的基本宗旨,永葆共产党员的初心和使命。一是为教师党员服务,将教师党支部的工作与党员自身发展相结合、与党员未来成长方向相结合,真正实现学有所获、学有所用;对困难党员给予物质和精神帮扶,对老党员给予关心和慰问。二是为大学生服务,落实立德树人的根本任务,通过教师党员与困难学生"结对子",在学习、生活、心理等方面予以指导,做好引路人。①三是为群众服务,亮出党员身份,积极开展系列志愿活动,用心用情做好事、办实事。

作者简介:石慧,女,硕士,天津商业大学公共管理学院组织员。

---

① 参见耿敏:《"三个抓手"加强高校教师党支部建设》,《党建》,2020 年第 10 期。

在高校中推进生活垃圾分类教育是时候了

范文宇

生活垃圾分类涉及全社会思想观念和行为方式的深刻变革，最根本的是要发挥教育的基础性和先导性作用。早在 2018 年，教育部办公厅等六部门就发布《关于在学校推进生活垃圾分类管理工作的通知》（教发厅〔2018〕2号），提出"各地教育部门和学校要通过多种形式全面开展生活垃圾分类知识教育工作……探索建立生活垃圾分类宣传教育工作长效机制"。习近平总书记也曾指出，要开展广泛的教育引导工作……让更多人行动起来，培养垃圾分类的好习惯。①由此，通过宣传教育来提升全生活垃圾分类意识、培养生活垃圾分类习惯成为一项重要议题。

近年来，包括生活垃圾分类在内的生态环境教育已经通过教材、读本、主题教育活动等多样化方式走进学前教育和中小学教育中，为从小培养孩子们环境保护意识和垃圾分类习惯奠定了坚实基础。但是在高等教育中，生活垃圾分类等环保教育仍然比较欠缺。高校作为社会的重要组成部分，承担着"知识普及、人才培养、科学研究、社会服务"的重要职能。据统计，2020 年全国共有普通高等学校 2738 所，各类高等教育在学总规模 4183 万人。②生活在高校中数量庞大、可塑性强的大学生和研究生群体，理应是加强生态文明教育、践行生活垃圾分类的关键主体和示范对象，但当前却是推进生活垃

---

① 参见《习近平对垃圾分类工作作出重要指示强调：培养垃圾分类的好习惯 为改善生活环境作努力 为绿色发展可持续发展作贡献》，《人民日报》，2019 年 6 月 4 日。

② 中华人民共和国教育部网站：《2020 年全国教育事业发展统计公报》，http://www.moe.gov.cn/jyb_sjzl/sjzl_fztjgb/202108/t20210827_555004.html。

圾分类宣传教育和行为引导之路上的短板。[1]有鉴于此,将生活垃圾分类教育纳入高等教育具有重要的现实意义。

一、高校推进生活垃圾分类教育的必然性

大学生群体具有比较成熟健全的心智结构,在高校中推进生活垃圾分类教育,能够促进大学生群体快速掌握生活垃圾分类的知识技能,成为生活垃圾分类的践行者、志愿者和研究者,以及引领生活垃圾分类潮流的主力军。

一方面,高校推进生活垃圾分类教育是解决垃圾问题、保护生态环境的现实要求。21世纪以来,随着中国生活垃圾产生量的迅速增长,"垃圾围城"形势日益严峻,不仅给生态环境造成了极大破坏,而且也衍生出邻避冲突等社会问题。通过生活垃圾分类实现减量化、资源化和无害化是解决这些问题最根本的治理之道。而要形成稳定、可持续的生活垃圾分类行为,就要发挥生活垃圾分类教育的作用,特别是高校在垃圾分类教育中的作用。这是因为与中小学相比,大学生具备快速将理论知识付诸实践的能力。在高校开展生活垃圾分类教育,可以快速培养大学生群体的生活垃圾分类习惯,为解决垃圾问题、保护生态环境形成长效机制。

另一方面,高校推进生活垃圾分类教育是实现国家战略、落实国家政策的必然举措。党的十八大以来,以习近平同志记为核心的党中央高度重视生态文明建设,多次对生活垃圾分类工作作出重要指示,提出了"无废城市"和"双碳"等战略目标,并制定了一系列政策文件。高校肩负着服务国家战略需求、贯彻国家政策要求的重要使命。在高校中推进生活垃圾分类教育,培育生活垃圾分类思想的宣传者、生活垃圾分类行为的践行者和生活垃圾分类课题的研究者,是实现"双碳"等国家战略、落实垃圾分类政策的根本要求。

---

① 参见杨莉、缪云伟、陈江华:《高校奖惩制度对大学生垃圾分类意识与行为影响研究》,《南京工业大学学报(社会科学版)》,2021年第20期。

二、高校推进生活垃圾分类教育的主要内容

高校推进生活垃圾分类教育要把生活垃圾分类教育纳入公共必修课程中,通过专业教材的建设构建丰富、完善的生活垃圾分类教育内容体系。总体来说,生活垃圾分类教育包括以下几方面:

一是生活垃圾分类理论教育。理论是行动的先导,只有科学的理论才能引领正确的行动。生活垃圾分类教育要以习近平生态文明思想为指导,深入阐释习近平生态文明思想的发展历程、基本内涵、核心观点。除此之外,还应介绍马克思主义生态观、党的十八大之前历届领导人的生态思想以及国外相关生态保护理论,构建生活垃圾分类的理论体系,为生活垃圾分类教育打下理论基础。

二是生活垃圾分类政策教育。生活垃圾分类教育是对大学生宣传党和国家法律政策,进行思想政治教育的重要途径,要不断促进大学生群体对法律政策的认识,理解法律政策的正确性和必要性。党和国家出台了一系列生活垃圾分类和生态保护的法律政策,勾勒了生活垃圾分类治理的基本框架和蓝图。生活垃圾分类教育要介绍国家和地方制定的法律规范,如《中华人民共和国环境保护法》《中华人民共和国固体废物污染环境防治法》《城市生活垃圾管理办法》,以及地方政府出台的相关条例等;也要宣传国家和地方关于生活垃圾分类的相关政策,如《生活垃圾分类制度实施方案》《"十四五"城镇生活垃圾分类和处理设施发展规划》等。

三是生活垃圾分类知识教育。生活垃圾分类教育最基础的是让受众掌握生活垃圾分类的知识技能,因此要构建完备的生活垃圾分类知识体系。主要包括:生活垃圾分类的意义、标准、管理体制机制,生活垃圾分类动员方法与话术技巧,生活垃圾回收利用和末端处理方式,生活垃圾分类存在的问题以及实践经验,国外生活垃圾分类经验等。

三、高校推进生活垃圾分类教育的几点建议

推进生活垃圾分类教育是落实生态文明教育的必然要求，也是形成生活垃圾分类长效机制的关键一招。结合生活垃圾分类实践，高校推进生活垃圾分类教育要在以下几方面下功夫。

第一，在教学形式上，课堂教学与实践教学相结合。高校要通过多种形式全面开展生活垃圾分类教育，既要发挥课堂教育的基础性作用，也要重视实践育人的主体性作用。一方面，注重课堂教学，在课堂教育中向同学们传授垃圾分类知识技能，增强垃圾分类的了解程度；另一方面，重视实践教学，通过互动式、参与式的实际操作来践行垃圾分类。生活垃圾分类教育的最终目的在于引导大学生践行生活垃圾分类行为，实现知行合一。这就要求要强调贴近生活，从课内向课外延伸，在环境中教育、在环境中学习，教育引导学生把在学校学到的环境方面的知识运用于日常生活和社区实践中。例如，带领同学们去社区进行社会实践活动，做好宣传员、志愿者、引导者；去分类回收站、转运站、处理厂实际感受体验垃圾分类流程等。

第二，在教学内容上，重点突出与统筹兼顾相结合。生活垃圾分类教育的目的是使大学生通过知识技能的获取来增强生活垃圾分类的意识、践行生活垃圾分类行为，宣讲为何分类、如何分类是重点。因此垃圾分类的重要意义，垃圾分类的法律法规、政策规定、标准体系，垃圾分类的动员方法在生活垃圾分类教育中要突出。但是生活垃圾治理是一个系统工程，不仅包括源头减量、分类，还包括中间收集、运输，末端处置、利用。生活垃圾分类教育不仅要宣讲怎么分，还要将垃圾分类的投放、收集、运输和处理全过程解剖于众，使同学们清晰感受垃圾分类的全过程。因此与垃圾分类紧密相连的收运处置、回收利用等相关知识也要介绍。

第三，在教学方法上，理论教学与案例教学相结合。在生活垃圾分类教育过程中，不能仅是注重生活垃圾治理、环境治理等相关专业理论的传授，而且要重视通过相关案例来生动、形象地展现生活垃圾治理的现状、经验与教训，进而阐释具体的专业理论。在生活垃圾分类治理领域，各城市政府进

行了广泛的实践探索,涌现出了诸多生动、形象的案例,诸如上海市生活垃圾分类实践案例、绿色账户、积分换物等,还有垃圾焚烧厂建设引起的邻避冲突等。通过这些案例的分析、研究、教学,能够使同学们切身感受到生活垃圾分类的重要意义,以及了解生活垃圾分类的经验做法,树立起生活垃圾分类的意识和行为。

第四,在教学目标上,人才培养与科学研究相结合。高校是以高层次的学习与培养、教学与研究和社会服务为其主要任务和活动的场所,理应在服务经济社会发展方面发挥特殊重要的作用,提供强有力的智力支持和人才支撑。推进生活垃圾分类教育,要充分发挥高校在人才培养和科学研究方面的优势,一方面通过高等教育来加强生活垃圾分类专业人才培养,为社会输出更多掌握垃圾分类知识技能的专业人才。另一方面也要引导研究生加入生活垃圾分类科学研究中,通过高校科研平台推进生活垃圾分类全过程治理研究,为政府等实务部门提供可参考、可借鉴的政策建议和咨政报告。

总而言之,推进生活垃圾分类,最关键和最根本的是要发挥教育的作用。高校作为新思想、新观念、新知识传播的重要基地,承担着人才培养、科学研究、服务社会的重大责任,要为实现全社会普遍生活垃圾分类贡献力量。

作者简介:范文宇,男,博士,天津商业大学公共管理学院讲师。